基于生态文明体系的
城市综合开发项目预评价研究

Research on Pre-evaluation of Comprehensive Urban Development Projects Based on Ecological Civilization System

刘永光　著

華南理工大學出版社
SOUTH CHINA UNIVERSITY OF TECHNOLOGY PRESS
·广州·

图书在版编目（CIP）数据

基于生态文明体系的城市综合开发项目预评价研究 / 刘永光著. —广州：华南理工大学出版社，2020.2
ISBN 978-7-5623-6268-5

Ⅰ. ①基… Ⅱ. ①刘… Ⅲ. ①城市开发-综合开发-项目评价-研究 Ⅳ. ①F291

中国版本图书馆 CIP 数据核字（2020）第 033818 号

基于生态文明体系的城市综合开发项目预评价研究
刘永光 著

出 版 人： 卢家明
出版发行： 华南理工大学出版社 新华书店经销
（广州五山华南理工大学 17 号楼 邮编：510640）
http://www.scutpress.com.cn E-mail: scutc13@scut.edu.cn
营销部电话：020-87113487 87111048（传真）
责任编辑： 王荷英
印 刷 者： 虎彩印艺股份有限公司
开 本： 787mm×1092mm 1/16 **印张：** 10.75 **字数：** 209 千
版 次： 2020 年 2 月第 1 版 2020 年 2 月第 1 次印刷
定 价： 55.00 元

前 言

党的十八大以来，党中央将生态文明建设纳入中国特色社会主义总体布局，提出“美丽中国”奋斗目标，使我国生态文明建设取得重大理论创新。生态文明体系是城市建设工作的基本遵循，明确了城市综合开发项目的实施原则，对城市的经济社会发展具有重大意义。

党的十八届三中全会提出加快建立系统完整的生态文明制度体系，并将资源产权、用途管制、生态红线、有偿使用、生态补偿、管理体制等内容纳入生态文明制度体系中。党的十八届四中全会提出用严格的法律制度保护生态环境，加快建立有效约束开发行为和促进绿色发展、循环发展、低碳发展的生态文明法律制度。党的十八届五中全会将加强生态文明建设作为新内涵写入我国“十三五”规划，绿色发展成为我国实现现代化的新路径。党的十九大进一步提出了“坚持人与自然和谐共生”的基本方略，提出了建设“美丽中国”的战略目标。2018 年 3 月通过的《中华人民共和国宪法修正案》将生态文明写入，生态文明已经上升为国家意志。生态文明新思想对城市开发提出了明确要求，一是要在开发区域大力推进绿色发展，推进形成绿色空间格局，推进产业结构绿色转型，推进生产方式绿色转型，加快形成绿色生活方式。二是要营造综合开发项目的优美环境，秉持蓝天、碧水、净土的规划设计理念。三是要在项目开发中加大生态保护与修复力度，统筹山水林田湖草系统治理，构建生态安全格局，严守生态保护红线，保护项目开发地生物多样性，修复开发区域有关生态退化地区。

城市综合开发项目是经济建设、政治建设、文化建设、社会建设、生态文明建设的重要载体。生态文明体系对城市综合开发项目提出了可持续发展和符合城市综合承载力的内在要求。这就要求建设从业者和学术研究人员在城市综合开发项目建设和研究实践中，应该牢牢把握生态文明建设的内在规律，持之以恒地将生态文明的理念贯彻到城市综合开发项目的建设始终。

开展城市综合开发项目预评价是确保城市综合开发项目落实生态文明建设理

念，符合可持续发展与城市综合承载力客观要求的重要抓手。基于生态文明体系的城市综合开发项目预评价结果是新形势下政府和企事业单位进行投资决策的重要依据。

城市综合开发项目，是城市成片建设的地区按照城市规划，实行综合开发、统一建设的项目综合体。作为集产业、经济、社会、文化、生态于一体的项目集群，城市综合开发项目是现代城市生态文明建设中的重要组成部分。随着城市化进程的加快和经济社会的快速发展，城市综合开发项目在促进城市发展和完善城市功能方面发挥着越来越重要的作用，已经成为解决社会经济发展瓶颈、拓展城市容量的重要载体。

城市综合开发项目预评价是在生态文明体系的总体框架下基于项目总体规划策划方案，在项目决策阶段进行的基于项目全过程以及全要素的评价，其评价结果是进行项目投资决策的依据。该类型项目利益相关者众多，运作主体类型多样，项目构成及运作高度复杂，目前国内外对该领域预评价的研究尚没有形成完整的理论体系。

本书在国家生态文明建设体系的框架下，基于可持续发展理论，针对该类型项目的特性，通过对项目与城市承载力关系的深入分析，研究并提出了完整的城市综合开发项目预评价体系及理论方法。一是研究提出了基于生态文明体系的城市综合开发项目建设理念，分析了该类项目的建设评价要点，并就相关建设内容给出了针对性的设计导则和实施策略；明确了生态文明体系对可持续发展与城市承载力的具体要求。二是基于可持续发展与城市承载力理论确定了适于城市综合开发项目的预评价指标，建立了完整的城市综合开发项目生态文明预评价指标体系；在指标体系中通过对项目实施阶段的关键要素分析，提出了10类面向项目运作的实施引导性指标，用于直接引导项目在预评价后的优化升级，确保项目实施符合生态文明建设理念及目标体系要求。三是通过对项目的特性分析，研究分析了适合城市综合开发项目的指标权重确定方法以及评价流程，按照先专项后综合的分层次理论，提出了适于该类项目的专项及系统评价理论方法。四是结合已经确立的城市综合开发项目指标体系以及预评价方法，基于项目建设开发及预评价的全过程，研究提出了城市综合开发项目预评价体系的互馈式程序化操作流程及相关的分析方法，为项目预评价的标准化提供了理论基础。最后，为加深读者对城市综合开发项目的理解，本书结合城市综合开发项目的建设开发实践，对项目的整体运作模式以及开发模式进行了案例介绍。本书还收录了国家生态文明先行示范区建设方案及考核评价指标体系，方便读者深入领会国家对生态文明建设的有关要求。

本书提出了基于生态文明体系的城市综合开发项目建设理念和预评价理论，可以直接指导城市综合开发项目的规划和开发建设实践。本书建立的有关模型、指标体系以及提出的有关理论和方法可以为城市综合开发项目的规划设计、方案策划、项目评价、投资决策、建设实施以及学术研究提供理论参考和案例借鉴。

本书是国家科技支撑计划课题“城镇化低碳环保适用技术选择与集成示范”、国家自然科学基金项目“社会驱逐演化动力学的建模分析和控制”支持项目。天津大学高峰教授、余建星教授，东华大学王晓峰副教授对相关内容的研究和本书的出版给予了悉心指导和大力支持，深表感谢！限于作者的知识水平，难免有疏误之处，敬请批评指正。

作 者

2019 年 12 月

目　录

1 绪　论

1.1　研究背景

城市综合开发项目，是城市成片建设的地区按照城市规划实行综合开发、统一建设的项目综合体。作为集产业、经济、社会、文化、生态于一体的项目集群，城市综合开发项目是现代城市生态文明建设中的重要组成部分。随着城市化进程的加快和市场经济的快速发展，城市综合开发项目在促进城市发展和完善城市功能方面发挥着越来越重要的作用，日益成为城市建设投资的工作重点。

生态文明是工业文明发展到一定阶段的产物，是实现人与自然和谐发展的新要求。十八大以来，我国生态文明建设取得重大理论成果，生态文明新思想对城市开发提出了更明确的要求，一是要在开发区域大力推进绿色发展，推进形成绿色空间格局，推进产业结构绿色转型，推进生产方式绿色转型，加快形成绿色生活方式。二是要塑造综合开发项目的优美环境，保持蓝天、碧水、净土的规划设计理念。三是要在项目开发中加大生态保护与修复力度，统筹山水林田湖草系统治理，构建生态安全格局，严守生态保护红线，保护项目开发地生物多样性，修复开发区域有关生态退化地区。2018 年，全国生态环境保护大会提出，当前我国生态环境出现了稳中向好趋势，但成效并不稳固，生态文明建设正处于压力叠加、负重前行的关键期，已进入提供更多优质生态产品以满足人民日益增长的优美生态环境需要的攻坚期，也到了有条件有能力解决生态环境突出问题的窗口期。这就需要我们更加重视在项目的开发建设中落实生态文明建设有关要求。

城市综合开发项目是以项目综合体的形式出现，项目中包含了众多单体项目，涉及的利益相关者众多，各单体建设项目之间建设关系错综复杂，具有显著的多层次性和较强的不确定性，这些项目特性以及生态文明体系的内在要求使得项目的决策以及规划难以按照常规的评价论证方法进行。城市综合开发项目不但成了项目管理研究的热点，同时也是项目实践的重点和难点所在。目前在城市综合开发项目建设中缺少对落实生态文明体系的系统研究，在该类项目的评估领域尚缺少在规划阶段即给出综合考虑项目全过程的评价方法和理论体系。

1.2 研究目的、意义和必要性

基于生态文明体系开展城市综合开发项目预评价，目的是进一步明确项目决策阶段的各个影响因素，确保城市综合开发项目的规划、设计和建设落实生态文明理念及内在要求，通过科学的评价方法以及系统的指标体系，提出相应的定性以及定量分析方法，从而为项目投资决策提供科学化的定量及定性依据。同时，预评价的结果可以用来指导项目的规划方案以及建设方案，通过对规划方案等影响因素的调整，使得项目符合社会、政治、经济、环境等方面的整体利益最大化，确保生态文明目标体系和建设理念在项目中得到全面贯彻。

基于生态文明体系开展城市综合开发项目预评价的意义，一是确保城市综合开发项目的规划符合生态文明内在要求，实现区域经济、政治、文化、社会的可持续健康发展；二是可以为城市综合开发项目的投资决策提供科学的量化依据；三是可以通过预评价工作使得项目的规划方案、建设方案、土地征用及房屋征收等各板块工作更为合理化以及规范化，从而保障项目的顺利实施；四是完善城市综合开发项目在生态文明领域的理论研究内容；五是进一步丰富项目评估理论，实现项目预评价、过程评估和后评估的项目全过程评估，最终使得城市综合开发项目实现可持续以及经济社会效益的最大化。

基于生态文明体系开展城市综合开发项目预评价的必要性，第一是我国当前及今后一段时间，生态文明建设压力叠加，负重前行的关键时期对城市综合开发项目提升资源环境效益的必然要求；第二是城市综合开发项目进行科学量化的投资决策的合规性的必然要求；第三是城市综合开发项目规划设计、建设实施、运营管理、政策支持等工作合理性的必然要求；第四是确保项目满足城市综合承载力，具备良好投资收益，实现可持续健康发展的必然要求；第五是丰富城市综合开发类项目集群全过程评估理论的必然要求。

1.3 国内外研究进展

基于生态文明体系的城市综合开发项目预评价属于项目评估的范畴，也是项目评估理论在项目全过程评估中的前向延伸，该研究丰富了城市综合开发项目的生态文明内涵，补充了项目全过程评估在决策阶段的理论空缺。当前，国内外在单个项目的过程评估和后评估阶段开展了大量卓有成效的工作，但针对多种项目集成的城市综合开发项目开展的评估极少，而在城市综合开发项目的决策阶段评估（预评估）更是极少见到相关研究成果，尤其是在考虑生态文明体系的城市综合建设开发领域，由于其复杂的子项目结构体系、众多的生态文明建设目标要求以及众多的利益相关者和社会辐射面，导致了在该领域和该阶段的项目评估亟待完善。但就项目评估理论和生态文明建设而言，国内外已经取得了丰硕的成果，这也为本书基于生态文明体系的城市综合开发项目预评估研究，提供了丰富的理论和实践支撑。

1.3.1 国外项目评估理论的发展和现状

项目评估作为一个专门的学科领域，最早起源于西方发达国家，然后在世界范围内得到了广泛的应用和推广，国外的项目评估发展历程主要经历了初创、形成和推广几个主要阶段。

（1）初创阶段。20 世纪 30 年代，世界范围的经济大萧条对西方国家的经济和政策产生了重大影响，一些国家的政府开始推行新的经济政策和管理办法。其中，最初的项目评估原理和方法的雏形便得以在加大公共投资和兴建基础设施与公共项目方面产生。例如，1936 年美国为了有效控制洪水而大兴水利工程并颁布了《全国洪水控制法》，该法正式规定了需要运用成本效益分析方法评估洪水控制和水域资源开发项目。在该法中提出了这样的一些原则：只有当一个项目产生的效益大于成本时，项目才能被认为是可行的。此后，美国又公布了一系列相应法规，对项目评估的原则与程序做了最初的一些规定。此后，英国、德国和加拿大等国家的政府也相继就项目评估做出了自己的一些规定。

（2）形成阶段。项目评估的系统方法形成于 20 世纪 60 年代末，此期间部分西方经济学家已致力于发展中国家的投资项目评估理论和方法的研究。例如，英国牛津大学的里特尔教授和米尔里斯教授于 1968 年合作出版了《发展中国家工业项目分析手册》一书，该书首次系统地阐述了项目评估的基本原理和方法。1975 年，世界银行经济学家恩夸尔等共同编著出版了《项目经济分析》一书，该书对项目评估的程序和方法做了系统的论述。接着 1980 年，联合国工业发展组织与阿拉伯工业发展中心联合编著了《工业项目评价手册》。这些著作的出版标志着项目评估的原理与方法在不断地成熟和发展并被广泛地应用。

（3）推广阶段。进入 20 世纪 80 年代后，随着各国的项目投入不断增大和知识经济的蓬勃发展，项目成了整个社会创造精神和物质财富的主要手段，结果使得项目评估工作越来越受到各国政府和企业（尤其是发展中国家政府和企业）的重视，从而在世界范围内获得了广泛的应用。

就目前项目评估的应用和研究状况来看，世界银行、亚洲开发银行等国际大型金融机构推行的项目评估方法较为系统，并且因其已在世界范围内得到了广泛的应用和实践而具备了一定的代表性。

1）世界银行的项目评估方法

世界银行评估的内容主要有五个方面，即项目的技术、经济、财务、机构、社会和环境可行性的评估。但评估的重点却有所不同，首先世界银行要先对项目在社会上是否可行进行确认，然后才考虑其他的指标评价。评估的顺序依次为：社会评价、生态环境评价、经济与财务评价、管理机构评价、技术评价。

世界银行的项目评估是以人为中心，并且研究项目在其生命周期全过程中与其利益相关者的协调关系，从而促进项目的可持续性，为社会、经济协调持续发展提供服务。世界银行的社会评价主要应用社会学、人口学和项目评估学的一些理论和方法，通过系统地调查、收集与项目相关的各种项目影响因素和相关数据，进而分析项目实施过程中可能出现的各种问题，特别是会对项目区域造成不良社会影响的问题，在此基础上提出尽量减少或避免该影响的建议和措施，以保证项目顺利实施并使项目效果持续发挥。

另外，世界银行的项目评估也着重于研究项目的可持续性评估，其评价结构上强调机构分析、能力建设、利益相关者的协商和公众参与，而在内容上包含经济、自然、人力、社会四个方面的可持续发展性评估。其中，社会的评价指标主要涉及社会公平指标、社会公正指标和可持续性指标。对自然方面的评估是根据可行性研究中拟建项目的性质、规模、建设地区的环境现状等有关资料，对建设项目的实施及投产后可能造成的环境影响进行评估，内容涉及所在地区的环境现状、可能造成的环境影响、主要的污染源、资源开发可能引起的生态变化等。经济评估则是用经济回收率、经济净现值等指标对几个可供选择的项目设计方案进行成本效益分析，从而选择最能达到项目开发目标，即可持续发展的一个方案。

2）亚洲开发银行的项目评估方法

亚洲开发银行对项目的评估也是当今世界项目评估的优秀方法之一，所以它的项目评估同样是非常有借鉴作用的。亚洲开发银行项目评估主要涉及项目的社会效益、环境影响、经济效益三方面。

社会效益评估是从社会学的角度，根据其《社会评价准则》来实施，并且采用定性分析为主的分析方法。其评估内容包括项目与社会相互适应性分析、公平问题分析、参与问题分析、持续性问题（环境功能的持续性、经济增长的持续性、项目效果的持续性）分析、机构发展问题分析、妇女问题分析和贫困问题分析。而环境影响评估则主要关注项目对自然与生态环境方面的影响和对自然资源方面的影响。与此同时，亚洲开发银行也并未忽视对项目区域经济效益的评价，其对项目的经济效益评估是从项目区域经济总体效益的角度来对项目进行评价，其主要指标包括项目经济净现值、项目经济净现值率、项目经济内部收益率、项目投资净效益率、项目投资净增值率等。

除以上提到的世界银行和亚洲开发银行的项目评估方法外，联合国工业发展组织等国际性组织的项目评估方法也具有很高的借鉴意义，限于篇幅，本书不再一一介绍。但总体来看，在指标的分析上，这些较为先进和成熟的项目评估体系都包括了社会效益、环境效益、经济效益这三部分的内容，并且也都对项目的可持续性评价给予了突出描述。

1.3.2 国内项目评估理论的发展和现状

项目评估作为对于不同项目的一整套科学的论证、评审、分析与评价的方法，自20世纪中叶引入我国以来，通过不断地实践和改进，现已具备了专门的相关国家要求和规范，包括对项目决策的程序、方法和内容的规定，并且指导人们对各种项目从企业和国家两方面的利益和成本出发做全面的论证、评价和审查，为项目的科学决策奠定提供了可靠的依据。

1）国内的项目评估发展历程

我国的项目评估从20世纪50年代末开始，其发展大致经历了引进、二次引进以及改进和提高三个阶段。

（1）引进阶段。20世纪50年代末，我国当时主要是学习苏联计划经济体制下的各种项目论证方法。到了20世纪60年代初，我国将项目评估工作的发展正式列入全国科学发展规划，然而在随后的“文革”时期这一工作遭到冲击而停滞。所以至今我国在项目论证与评估和项目可行性分析等方面仍然带有很多社会主义计划经济时期的项目论证与评估的色彩，由于计划经济中项目的业主和承包商等都属于国家计划范畴，所以有很多项目评估并不区分项目的主体和客体，而且是按照“资源平调”的原则进行评估的。

（2）二次引进阶段。在20世纪70年代末，我国开始实施改革开放政策，项目评估工作又重新受到国家和企业的极大重视，我国开始全面介绍和引进西方国家和世界银行等国际金融组织以及联合国工业发展组织的项目评估原理和方法。其后随着我国经济体制改革的深入和不断对外开放，中外商投资项目增多，1980年我国恢复在世界银行的成员国地位，更为我国与国际投资项目评估的做法和惯例的全面接轨提供了很好的机会，在这一时期，很多高等院校和科研单位建立了专业的研究机构，有关的译文、译著、论文、论著大量出现，这很好地推动了我国项目评估水平的提高和与国际的全面接轨。

（3）改进和提高阶段。进入 20 世纪 80 年代以后，国家管理部门对投资项目评估的研究和推广也给予了高度重视，针对我国在项目评估中存在的问题，多次组织专家和学者开展深入的研究和讨论，从而大大推动了有中国特色的项目评估原理和方法的发展。随后由原国家计委和建设部组织出版发行的《建设项目经济评价方法与参数》，为国内的建设项目评估工作提供了必要的方法和依据。随着改革开放的不断深入以及我国投资项目的增多，针对我国项目评估的实践中涌现出一系列新的问题，从 20 世纪 90 年代至今我们开展了一系列的项目评估原理和方法的完善与提高工作，从《建设项目经济评价方法与参数》第三版的颁布，一直到 2009 年 1 月 1 日起施行的《市政公用设施建设项目经济评价方法与参数》，以及中国国际工程咨询公司 2002 年推出的《投资项目可行性研究指南》和《企业投资项目可行性研究与核准申请》等一系列的“中咨研究系列丛书”，这些逐步明确和完善了我国投资项目评估的理论、方法、程序和内容等，为我国的项目评估提供了规范和依据。

2）我国项目评估的研究现状

我国真正意义的项目评估理论和方法产生于改革开放后的 20 世纪 80 年代。1980 年我国的世界银行合法席位得到恢复，1983 年中国投资银行推出了《工业项目贷款评估手册》，对建立有中国特色的项目评估理论体系起到了积极作用。1987 年原国家计委、建设部颁布的《关于建设项目经济评价工作的暂行规定》才真正把项目评估工作以政府法令的形式确定下来，国家有关经济管理部门还同时颁布了项目评估的有关方法和参数指标。2006 年国家发展和改革委员会、建设部又颁布《关于建设项目经济评价工作的若干规定》，其中明确规定所有项目必须经过评估工作才能实施，并对有关方法和参数指标进行了调整。近年来，国家经济管理部门正酝酿着改进有关方法和重新发布相应的参数指标，以适应不断变化的经济形势。

在理论方面，由于经济学及其他学科的发展，尤其是对项目评估的更深层认识，使得项目评估一方面从经济理论中吸收最新的成果，如国民经济计量体系、投入产出分析、宏观计划体系、系统分析，以及其他数量经济理论与方法，均为项目评估提供了有效工具；与此同时，另一方面又借用非经济学科一些原则、原理和方法，包括社会学、政治学、数学、心理学、公共行政学和其他一些自然科学学科等，使项目评估成了多学科交叉的综合性学科，并且在理论研究方面得到进一步完善。

1.3.3 生态文明建设发展及其现状

2012 年，党的十八大报告强调“要大力推进生态文明建设”。报告指出，建设生态文明，是关系人民福祉、关乎民族未来的长远大计。面对资源约束趋紧、环境污染严重、生态系统退化的严峻形势，必须树立尊重自然、顺应自然、保护自然的生态文明理念，把生态文明建设放在突出地位，融入经济建设、政治建设、文化建设、社会建设各方面和全过程，努力建设美丽中国，实现中华民族永续发展。要坚持节约资源和保护环境的基本国策，坚持节约优先、保护优先、自然恢复为主的方针，着力推进绿色发展、循环发展、低碳发展，形成节约资源和保护环境的空间格局、产业结构、生产方式及生活方式，从源头上扭转生态环境恶化趋势，为人民创造良好生产生活环境，为全球生态安全做出贡献。一是优化国土空间开发格局。国土是生态文明建设的空间载体，必须珍惜每一寸国土。发展海洋经济，保护海洋生态环境，坚决维护国家海洋权益，建设海洋强国。二是全面促进资源节约。节约资源是保护生态环境的根本之策。要节约集约利用资源，控制能源消费总量，加强节能降耗，推进水循环利用。三是加大自然生态系统和环境保护力度。良好生态环境是人和社会持续发展的根本基础。扩大森林、湖泊、湿地面积，保护生物多样性。加快水利建设，增强城乡防洪抗旱排涝能力。加强防灾减灾体系建设，提高气象、地质、地震灾害防御能力。四是加强生态文明制度建设。保护生态环境必须依靠制度。积极开展节能量、碳排放权、排污权、水权交易试点。大会提出号召，要更加积极地保护生态，努力走向社会主义生态文明新时代。

2013 年，十八届三中全会提出，建设生态文明，必须建立系统完整的生态文明制度体系，用制度保护生态环境。要健全自然资源资产产权制度和用途管制制度，划定生态保护红线，实行资源有偿使用制度和生态补偿制度，改革生态环境保护管理体制。

2015 年，我国审议通过的《生态文明体制改革总体方案》提出，要推进生态文明体制改革，搭好基础性框架，构建产权清晰、多元参与、激励约束并重、系统完整的生态文明制度体系。要建立归属清晰、权责明确、监管有效的自然资源资产产权制度；以空间规划为基础、以用途管制为主要手段的国土空间开发保护制度；以空间治理和空间结构优化为主要内容，全国统一、相互衔接、分级管理的空间规划体系；覆盖全面、科学规范、管理严格的资源总量管理和全面节约制度；反映市场供求和资源稀缺程度，体现自然价值和代际补偿的资源有偿使用和生态补偿制度；以改善环境质量为导向，监管统一、执法严明、多方参与的环境治理体系；更多运用经济杠杆进行环境治理和生态保护的市场体系；充分反映资源消耗、环境损害、生态效益的生态文明绩效评价考核和责任追究制度。

2017 年，党的十九大报告指出，人与自然是生命共同体，人类必须尊重自然、顺应自然、保护自然。我们要建设的现代化是人与自然和谐共生的现代化，既要创造更多物质财富和精神财富以满足人民日益增长的美好生活需要，也要提供更多优质生态产品以满足人民日益增长的优美生态环境需要。必须坚持节约优先、保护优先、自然恢复为主的方针，形成节约资源和保护环境的空间格局、产业结构、生产方式、生活方式，还自然以宁静、和谐、美丽。一是要推进绿色发展。加快建立绿色生产和消费的法律制度和政策导向，建立健全绿色低碳循环发展的经济体系。构建市场导向的绿色技术创新体系，发展绿色金融，壮大节能环保产业、清洁生产产业、清洁能源产业。推进能源生产和消费革命，构建清洁低碳、安全高效的能源体系。推进资源全面节约和循环利用，实施国家节水行动，降低能耗、物耗，实现生产系统和生活系统循环链接。倡导简约适度、绿色低碳的生活方式，反对奢侈浪费和不合理消费，开展创建节约型机关、绿色家庭、绿色学校、绿色社区和绿色出行等行动。二是要着力解决突出环境问题。坚持全民共治、源头防治，持续实施大气污染防治行动，打赢蓝天保卫战。加快水污染防治，实施流域环境和近岸海域综合治理。强化土壤污染管控和修复，加强农业面源污染防治，开展农村人居环境整治行动。加强固体废弃物和垃圾处置。提高污染物排放标准，强化排污者责任，健全环保信用评价、信息强制性披露、严惩重罚等制度。构建政府为主导、企业为主体、社会组织和公众共同参与的环境治理体系。积极参与全球环境治理，落实减排承诺。三是要加大生态系统保护力度。实施重要生态系统保护和修复重大工程，优化生态安全屏障体系，构建生态廊道和生物多样性保护网络，提升生态系统质量和稳定性。完成生态保护红线、永久基本农田、城镇开发边界三条控制线划定工作。开展国土绿化行动，推进荒漠化、石漠化、水土流失综合治理，强化湿地保护和恢复，加强地质灾害防治。完善天然林保护制度，扩大退耕还林还草。严格保护耕地，扩大轮作休耕试点，健全耕地草原森林河流湖泊休养生息制度，建立市场化、多元化生态补偿机制。四是要改革生态环境监管体制。加强对生态文明建设的总体设计和组织领导，设立国有自然资源资产管理和自然生态监管机构，完善生态环境管理制度，统一行使全民所有自然资源资产所有者职责，统一行使所有国土空间用途管制和生态保护修复职责，统一行使监管城乡各类污染排放和行政执法职责。构建国土空间开发保护制度，完善主体功能区配套政策，建立以国家公园为主体的自然保护地体系。坚决制止和惩处破坏生态环境行为。大会强调，生态文明建设功在当代、利在千秋。我们要牢固树立社会主义生态文明观，推动形成人与自然和谐发展现代化建设新格局，为保护生态环境做出我们这代人的努力。

目前我国已经在生态文明领域取得了丰富的建设实践成果，自十八大以来，我国审议通过了《生态文明体制改革总体方案》以及40多项生态文明建设和生态环境保护方面的方案，组织开展了两批生态文明先行示范区建设，出台了《生态文明建设目标评价考核办法》，制定了《生态文明建设考核目标体系》《绿色发展指标体系》。自然资源产权制度、生态保护补偿制度等一大批生态文明体制机制改革已经完成，生态文明建设的四梁八柱已经搭建。这些重大理论创新和实践案例为梳理城市综合开发项目的生态文明核心要素提供了基础和依据。

1.4 存在问题及主要研究工作

1.4.1 存在问题

通过对项目评估领域的研究发现，目前在城市综合开发项目全生命周期内的项目决策阶段评估严重缺乏理论依据及实践案例验证，更鲜有项目评估的研究成果涉及生态文明体系，在投资决策阶段对城市综合开发项目充分落实生态文明体系要求进行有效评估，已经成为城市建设的当务之急。笔者对现有项目管理理论和建设管理实践进行分析研究发现，当前的项目评估主要集中在单类项目的过程评估和后评估，大量开展的城市综合开发项目在决策评估阶段尚没有建立完整的预评价体系，尤其是针对生态文明体系的城市综合开发项目预评价，这使得城市综合开发项目缺少了系统的生态文明体系的建设指引，缺失了能够全面量化评价城市综合开发项目规划策划方案、节能环保技术方案、建设开发模式、资金平衡等全流程工作的决策阶段预评价。该领域长期缺乏有效的理论与实践支撑，由此造成的大量城市综合开发项目在规划策划、建设实施以及运营管理方面没有全面落实生态文明要求，投资决策、规划设计等出现较大问题，严重影响了当地社会与经济的可持续发展。

笔者根据对城市综合开发项目评估理论的深入研究分析，结合对生态文明建设以及对城市综合开发项目起始阶段的预评价研究实践，提出了以下几方面问题。

（1）目前项目评估相关研究未能考虑项目全过程和全要素，在项目决策阶段的评估尚缺乏研究，公开发表的研究成果极少，项目预评价工作缺乏理论与实践案例支撑。

（2）城市综合开发项目是当前和今后一段时间内城市建设的重要部分，但对于在城市综合开发项目中如何系统落实生态文明体系要求，尚没有开展专门研究，公开发表的研究成果极少，造成了城市综合开发项目在规划建设中落实生态文明体系不全面，制约了生态文明建设进展。

（3）由于城市综合开发项目的复杂性以及综合性，造成了专门针对该类型项目的评估理论以及相关评估实践相对缺失，导致城市综合开发项目开展系统预评价、过程评估和后评估缺乏理论和实践案例支撑。

（4）可持续发展与城市承载力是城市综合开发项目生态文明建设的基本要求和重要内容，目前缺少二者与城市综合开发项目之间相互关系以及基于二者定向分析的评估指标体系与评估方法研究。

（5）目前对城市综合开发项目预评价的研究尚处于起步阶段，仅限于投资价值分析、经济平衡测算等纯效益类评价，但考虑到综合规划策划方案、环境承载力、建设运营模式、投资收益、节能环保等系统评价指标体系和模型尚缺少足够的理论及实践依据，鲜有成果涉及该方面研究。

1.4.2 主要研究工作

基于上述存在的问题，本书对基于生态文明体系的城市综合开发项目的内在特性、项目预评价的基本理论及评价方法、城市综合开发项目预评价的整体预评价指标体系构建以及相应的权重及评价方法开展了系统深入的研究，主要研究工作包括：

（1）基于生态文明体系，立足已经完成的生态文明先行示范区建设方案以及生态环保领域主要规定，结合对城市综合开发项目的全过程和全要素分析，系统梳理了该类项目的生态文明建设内容，给出了该类项目落实生态文明体系的全要素模型和建设导则。基于生态文明考核评价指标体系，结合已开展的生态文明全要素分析，建立了基于生态文明体系的城市综合开发项目建设指标体系。

（2）基于项目评估的基本理论，结合对城市综合开发项目全过程及全要素的分析，研究并建立了城市综合开发项目预评价的理论体系。该体系是项目评估理论在项目全过程中的前向延伸，使得项目评估理论形成了预评价、项目过程评估以及项目后评估的全过程评估综合理论体系，从而实现了该类型项目决策阶段的科学化、标准化与效益最大化。

（3）基于对生态文明体系分析提出的可持续发展与城市承载力相关要素，结合城市综合开发项目的全过程以及全要素的特性分析，提出了适合于该类型项目的预评价指标体系，遴选了社会、政治、经济、环境、技术等方面的代表性指标，形成了全面系统的预评价指标系统，从而实现对城市综合开发项目过程的全面评价。

（4）针对城市综合开发项目的建设实施阶段，对影响该类项目的建设开发计划、土地及房地产出让、资本金构成、融资方案、土地整理、组织管理与运营管理等方面因素进行了深入研究分析，运用所建立的预评价理论，提出了 10 大类实施引导性指标，所提出的指标体系，可根据项目预评价综合结果，对项目的规划实施予以反馈，并对其规划进行定向调优。

（5）通过对城市综合开发项目全流程全要素的研究分析，结合所建立的预评价指标体系以及预评价方法，制定了一种基于预评价结果对该类项目进行指标定向反馈调优的城市综合开发项目模式化流程，为城市综合开发项目预评价及方案调整工作标准化研究提供了理论参考。

2 城市综合开发项目生态文明建设要点研究

我国把生态文明建设作为统筹推进“五位一体”总体布局和协调推进“四个全面”战略布局的重要内容，提出一系列新理念新思想新战略，生态文明理念日益深入人心，推动生态环境保护发生了历史性、转折性、全局性变化。我国生态文明建设的总体目标要求是，要通过加快构建生态文明体系，使社会经济发展质量和效益显著提升，确保到2035年节约资源和保护环境的空间格局、产业结构、生产方式、生活方式总体形成，生态环境质量实现根本好转，生态环境领域国家治理体系和治理能力现代化基本实现，美丽中国目标基本实现。到本世纪中叶，物质文明、政治文明、精神文明、社会文明、生态文明全面提升，绿色发展方式和生活方式全面形成，人与自然和谐共生，生态环境领域国家治理体系和治理能力现代化全面实现，建成美丽中国。

2013年，国家发展改革委、财政部、国土资源部、水利部、农业部、国家林业局联合印发《关于印发国家生态文明先行示范区建设方案（试行）的通知》，启动了第一批国家生态文明先行示范区的建设工作。2015年，在总结第一批生态文明先行示范区建设的基础上，由六部委联合印发《关于请组织申报第二批生态文明先行示范区的通知》，继续组织开展生态文明先行示范区建设，并对生态文明示范区建设方案进行了进一步完善。2016年，中共中央办公厅、国务院办公厅印发了《生态文明建设目标评价考核办法》，国家发展改革委、国家统计局、环境保护部、中央组织部联合印发了《绿色发展指标体系》和《生态文明建设考核目标体系》。《生态文明建设目标评价考核办法》规定，党中央、国务院对各省、自治区、直辖市党委和政府开展生态文明建设目标评价考核，相关工作采取年度评价和五年考核相结合的方式。年度评价按照《绿色发展指标体系》实施，评价各省级地区绿色发展相关变化趋势和动态进展，评价结果以发展指数的形式体现，向社会公布，并纳入生态文明建设目标考核。各省市也制定了各自的考核办法和指标体系对生态文明建设进行考核评价。

本章通过对生态文明体系的宏观论述和国家生态文明先行示范区建设的系统

研究，结合城市经济发展和建设开发工作实践，归纳提炼了面向实施的生态文明建设体系，主要是绿色发展体系、环境治理体系、生态保护与修复体系、生态环境监管体系以及生态文明建设重点工程体系。在此基础上，研究提出了城市综合开发项目重点建设内容、相关设计导则和实现路径。依据国家绿色发展指标体系和生态文明建设考核目标体系，结合对已实施的城市综合开发项目生态文明建设要点的研究，提出了针对城市综合开发项目的生态文明建设指标体系。本章内容可为后续章节开展的基于生态文明体系的该类项目预评价工作提供理论基础。

2.1 生态文明建设体系的基本构成

我国对生态文明建设提出了明确要求，一是必须坚持人与自然和谐共生、绿水青山就是金山银山、良好生态环境是最普惠的民生福祉、山水林田湖草是生命共同体、用最严格制度最严密法治保护生态环境的建设原则。二是在顶层设计上，应加快建立健全以生态价值观念为准则的生态文化体系，以产业生态化和生态产业化为主体的生态经济体系，以改善生态环境质量为核心的目标责任体系，以治理体系和治理能力现代化为保障的生态文明制度体系，以生态系统良性循环和环境风险有效防控为重点的生态安全体系。自然生态和经济社会发展客观规律，以及政府的治理机制，都要求城市建设开发工作必须落实生态文明建设原则和顶层设计要求。根据《生态文明体制改革总体方案》等纲领性文件，基于国内外生态文明建设有关研究成果和国家生态文明先行示范区建设实践，把生态文明的宏观论述与要求进一步归纳提炼为面向实施的生态文明建设体系，主要内容包括以下五个方面。

2.1.1 绿色发展体系

（1）推进形成绿色空间格局。优化国土空间开发格局，推动区域绿色协调发展，统筹生产生活生态空间，完善空间规划体系，强化生态环境空间管控。

（2）推进产业结构绿色转型升级。调整产业结构，持续推动化解落后和过剩产能，推进产业体系绿色升级，加快发展节能环保产业。

（3）推进生产方式绿色转型。构建绿色技术创新体系，促进科技进步，全面节约循环和高效利用资源，推动能源生产和消费革命，积极应对气候变化，大力发展循环经济，推动绿色循环低碳发展。

（4）加快形成绿色生活方式。建立生态文化体系，大力推动绿色示范创建，创建节约型机关、建设绿色学校、创建绿色社区、培育绿色家庭、鼓励绿色出行；增加绿色产品和服务供给，完善绿色产品推广政策，大力发展绿色物流。

2.1.2 环境治理体系

（1）深入开展大气污染防治。强化“散乱污”企业综合整治，推进重点行业污染治理升级改造，加快推进清洁取暖，加大燃煤锅炉整治力度，强化柴油货车污染治理，加强扬尘综合治理，深化挥发性有机物污染治理。

（2）坚决做好水污染防治。开展饮用水水源地环境安全隐患治理、城市黑臭水体治理、渤海治理和长江保护修复。

（3）扎实开展土壤污染防治。夯实土壤污染防治工作基础，强化土壤污染风险管控，加强土壤污染源监控。

（4）农业农村污染治理。推进农村人居环境整治，保护乡村山水田园景观，加强农业生产面源污染防治，健全农村环境监管长效机制。

2.1.3 生态保护与修复体系

（1）山水林田湖草系统治理。加大自然生态系统和环境保护力度，以生命共同体理念引领生态保护和修复，推进生态保护与修复重点任务。

（2）构建国土生态安全格局。构建陆地、海洋生态安全格局，建立维护生态安全格局的分级分类管控机制。

（3）划定并严守生态保护红线。建立生态保护红线制度体系，加强生态保护红线监督管理。

（4）建立以国家公园为主体的自然保护地体系。加快建设国家公园，完善国家公园管理制度，以国家公园为主体推进自然保护地体系建设，加强自然保护区建设与管理，开展自然保护区规划修编，构建科学合理的自然保护地体系。

（5）保护生物多样性。加强生物多样性保护的顶层设计，开展就地保护与迁地保护，维护国家生物安全，推进生物多样性保护重大工程。

（6）修复生态退化地区。坚持生态系统自然修复为主，实施生态修复与建设工程。

2.1.4 生态环境监管体系

（1）推进生态环境治理体系和治理能力现代化。把责任主体的明责、履责、追责作为改革主要内容，建设全链条制度体系。

（2）落实排污者生态环境责任。强化企业主体责任，企业为生态环境损害负责，鼓励企业成为绿色先行者。

（3）完善基于市场机制的生态环保政策。创建生态保护补偿机制，实施有利于环境保护的价格政策，深化绿色税收政策，构建支持绿色发展的绿色金融体系。

（4）构建生态环境保护社会行动体系。着力提升公民生态环境素养，强化生态环境保护信息公开，建立健全社会参与和监督机制，加强基础能力建设和实施重点工程。

2.1.5 生态文明建设重点工程体系

生态文明建设重点工程体系主要包括节能、节水、循环经济、综合利用等资源节约循环高效利用项目，重大技术产业化、节能环保产业发展等产业结构优化调整项目，污水、垃圾处理设施和大气、水、土壤污染防治等环境治理项目，供排水、供热、供气等基础设施改造项目，海绵城市建设项目，以及山、水、林、田路综合治理项目等。

所提出的生态文明建设体系，涉及经济社会可持续发展与保持自然环境承载力的五大方面 24 子类主要内容和重点项目。在开展城市综合开发项目的规划设计、策划方案制定、建设开发与工程实施过程中应予以贯彻落实，实现城市发展中的生态文明建设总体目标，有效提升城市承载力，促进城市可持续发展。

2.2 基于生态文明体系的城市综合开发项目建设理念

城市综合开发项目的建设应紧密结合生态文明建设体系要求，将产业结构、循环经济、环境保护、节能减排等理念纳入城市综合开发项目规划设计中，将方案中有关重点项目统一规划、统一设计、同步实施。通过采用良好的环境技术和做法，促进该区域可持续发展，以城市承载力为开发条件，实现高效利用资源能源，最大化减少废弃物产生和排放，最终建成生态环境良好、区域经济充满活力、社会和谐有吸引力、高生活品质的宜居生态文明城区，进而为探索城市开发建设的新理念和城市生态保护与建设提供管理、技术、政策等方面的参考。其概念设计如图 2－1 所示。

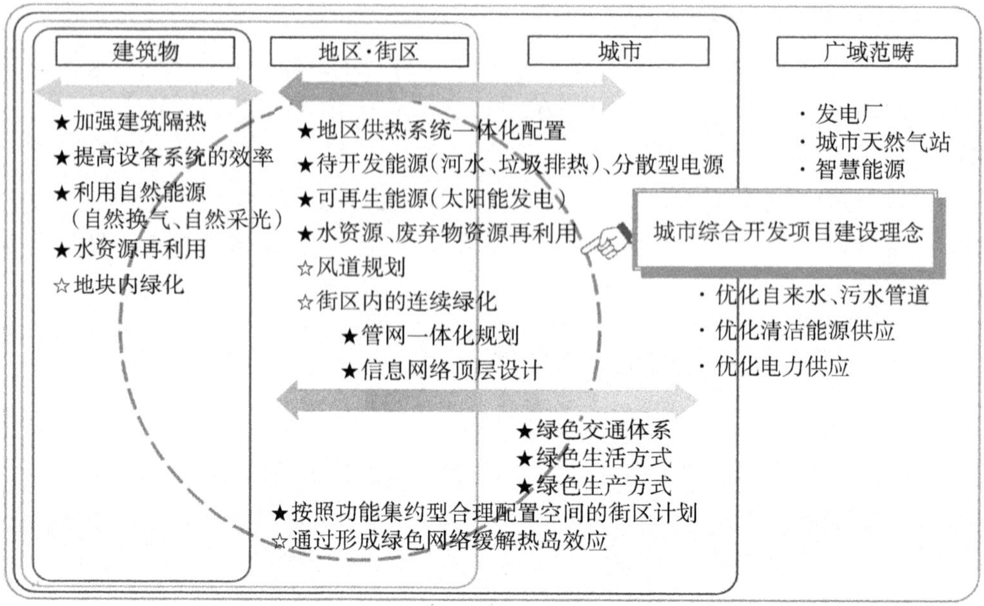

图 2－1　基于生态文明体系的城市综合开发项目设计理念

2.2.1　城市综合开发项目整体规划理念

根据生态文明建设体系内在要求，要调整优化空间布局、全面促进资源节约，加大自然生态系统和环境保护力度，形成节约资源和保护环境的空间格局、产业结构、生产方式、生活方式。这些要求实质上为城市综合开发项目指明了规划方向。

（1）城市综合开发项目应该从整合的城市规划中实现节能等各领域的综合高效收益。在城市综合开发项目起始阶段就按照生态文明的理念、指标体系进行全面系统的整体规划建设管理，明确城市开发的主体功能要求，以环境功能区、生态功能区为基准，对开发项目空间进行进一步合理划分和优化，并明确每个功能区的发展要求，科学合理地按照整体规划落实城市综合开发项目的“自然生态格局”“用地布局模式”“绿色交通理念”“生态社区模式”“文化保护理念”“水资源利用理念”和“能源利用理念”等内容。

（2）在新的城市综合开发区域，研究实施最佳土地使用策略与空间设计原则。促进土地利用规划与基础设施体系设计的整合与优化，这个过程应在制定总体规划之前启动，贯穿于整个规划的制定与执行过程中。重要基础设施（能源、水、交通和废弃物）的服务提供商应与城市规划设计者合作，一起制定优化城市系统的解决方案。通过总体规划讨论阶段群策群力的设计与决策以及后期执行过程中共同合作的贯彻与管理，整合机会得到最大化。

（3）加强专项规划设计整合，提升规划布局质量。目前国内大部分项目的规划设计在交通和土地使用方面已经有所整合，但是在能源、水和垃圾系统等诸多领域还有进一步整合的空间，水和能源系统的优化可实现显著资源环境效益。土地使用规划与水系统设计的整合也特别重要，比如，泵站的效率和水处理厂的坐落位置（与土地使用规划相关联）密切相关。同时在未来新区的建设中，不仅要注意社区内的各项城市功能的完善，也要注意在社区对外交通方面使用公共交通的便捷度，同时，尽可能在城市交通领域利用一些高科技手段循环利用能源，减少污染，促进社区的可持续发展和居民的良好生活环境。

2.2.2 城市综合开发项目空间布局

根据《城市居住区规划设计标准》等相关规范要求以及生态城市建设实践，城市综合开发项目可以由生态细胞、生态模块、生态廊道构成生态文明城市的空间布局结构。生态细胞可由城市道路划分成200～300米长度的基本地块；生态模块则可由生态廊道划分成600～800米见方的、功能相对独立的地块。每个细胞都有步行街和自行车专用道贯穿其中，每个基层社区中心的服务半径为200～300米。可由四个生态细胞集合组成一个生态居民社区，其中的居民社区中心提供更高水平的各种活动设施，社区中心的服务半径为400～500米。4～5个社区组成一个综合片区，若干片区（含产业片区）即构成了整体城市综合开发区。两个片区次级中心与市中心一起成为生态城的商业核心。在细胞内部可采用人车分流的交通组织方式，同时满足消防、医疗救护等特殊车辆的通行需求。细胞内部的停车方式应采用地下停车、架空层停车以及立体停车，鼓励采用多层智慧机械停车技术。

2.2.3 生态街区建设理念

生态文明体系及建设指标提出了绿色出行等有关要求，同时要求建立以节能低碳为导向的生态街区开发理念，这就要求街区开发应具备基于公共交通导向的开发（transit-oriented development，TOD）模式（图2－2）、生态单元开发、城市车站核心区规划、低碳回廊规划等规划要素。一是以提高公共交通的利用效率为主要目的，将公共交通为导向的开发理念应用到土地利用规划中。在街区内的土地利用方面，在公共交通车站周围进行密集型开发，坚持节约利用土地原则，采用紧凑型城市布局，实现居住、商业、社会公共服务设施有机结合的建设模式。

设置车站核心区，将车站和街区在空间上和动线上连接起来，形成 TOD 模式。二是在一定区域内将基础、道路、绿地设定为分层次合成的智能生态单元，通过将生态单元联合，实现智能生态网络连接的生态城市。同时，利用生态单元边缘部分的街道形成生态回廊，形成智能生态单元的开发模式。三是设置架空层。设置架空层可以实现完全的自然通风和采光，达到节能减碳的建设目标；通过立体空间资源的整合利用，将不同功能的设施在竖向上进行有机组织，也可以有效降低用能消耗。

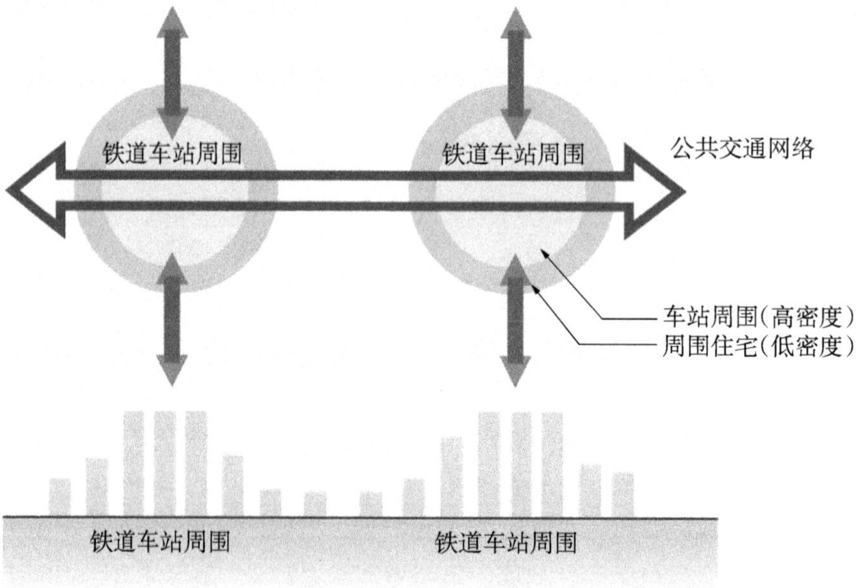

图 2－2　TOD 开发模式

1）**基于公共交通导向的开发模式**

充分考虑集约型的项目规划，以公共交通为基础，在车站周边可开发范围内设置办公区、住宅，减少产业人员和居民对机动车的依赖程度，以实现最大限度节能减排的城市建设。在车站周边配套便捷高效的社会公共服务设施，可以最大化地降低城市道路占用率，促使形成绿色出行的生活方式。以 TOD 模式为主的开发模式，将有效降低交通能耗和废气排放量，有效缓解城市交通拥堵，提升城市运行效率。

在车站周边可以开展高密度、多功能分区的规划布局。车站周围集聚现代服务业、居住、休闲等多种功能为一体。在与地铁车站邻接的街区，设置与车站连通并与街区侧城市功能一体化的城市车站核心区。积极开拓地下空间，提高土地利用效率，积极利用自然条件（光、风），减轻环境负荷，依托车站空间建设便捷的步行网络，以达到节能减排的目标。

2）**以节能为导向的智慧街区单元**

以能源的最优化利用为前提，将街区规划设计为能源、交通、绿地综合衔接的城市智能化单元（图 2－3）。城市综合开发项目建设内容众多，涉及项目种类繁多，一般分时序进行开发建设。可将区域内基础设施按照建设时序，设计为具备独立使用功能的智能可扩展单元，随项目整体开发进展，实现可扩展项目的智能集成。可将区域能源中心设置在公园等公共用地的下方，提高城市综合开发区域的空间利用效率。在智慧单元的外缘部分，利用街道，可布置低碳回廊，规划设置为“能源基础设施＋交通＋林荫道”的低碳回廊，形成整体低碳生态的城市空间。

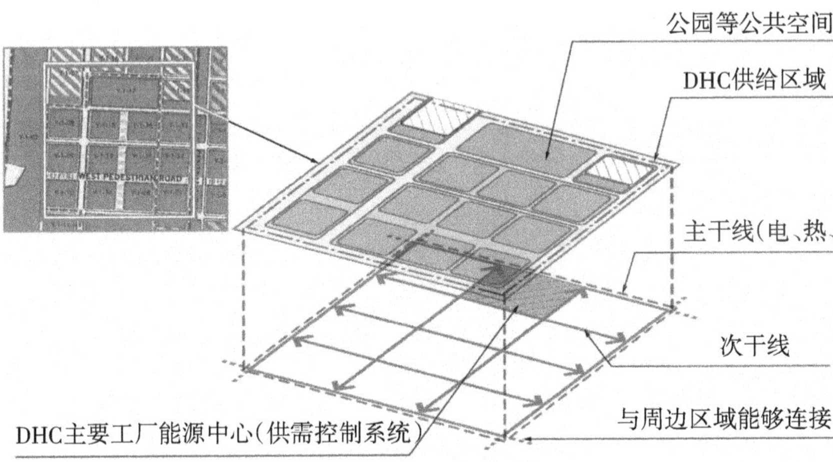

图 2－3　街区智能单元化示意图

2.2.4　绿色建筑建设理念

绿色建筑是指在建筑的全寿命周期内，最大限度地节约资源（节能、节地、节水、节材）、保护环境和减少污染，为人们提供健康、适用和高效的使用空间，与自然和谐共生的建筑。生态文明考核办法在绿色发展指标体系中明确将提高城镇绿色建筑占新建建筑比重作为生态文明评价指标。同时，在生态文明考核评价指标体系中对能耗总量、排放总量均提出了要求，这就要求城市综合开发项目中的绿色建筑应该以节能、减排、环保为重点，将适宜的绿色建筑技术进行合理的整合，以实现能实行、能复制、能推广的目的。城市综合开发项目绿色建筑实现途径包括以下几个方面。

1）**绿色建筑建设整体思路**

绿色建筑应充分考虑节地与室外环境、节能与能源利用、节水与水资源利用、节材与绿色材料、室内环境质量与绿色运营管理，理念设计如图 2－4 所示。

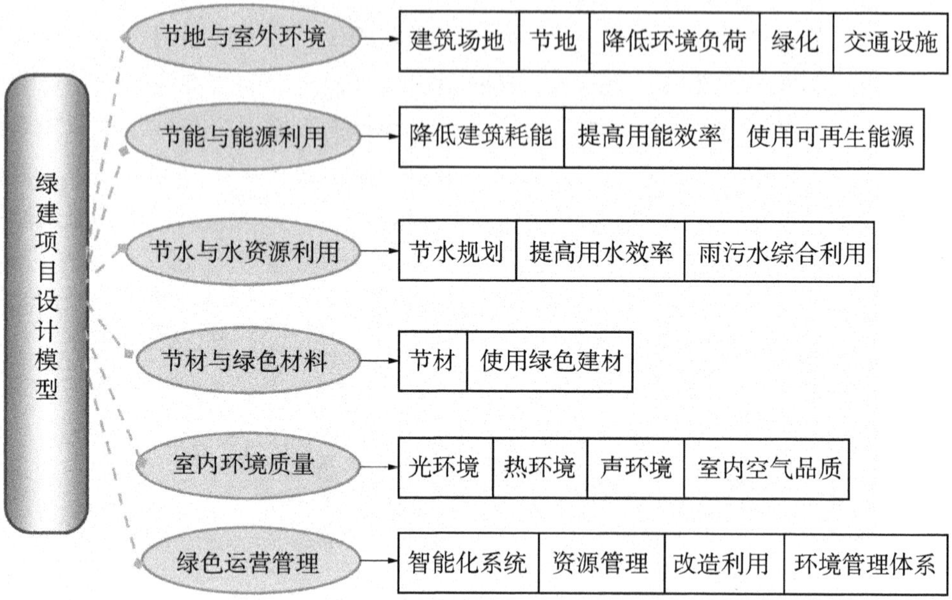

图 2－4　绿色建筑理念设计示意图

（1）建筑物优先考虑被动式设计。采用减少建筑体形系数，提高围护节能保温性能，合理确定窗墙比，降低冬季采暖能耗等技术手段，用最低的成本达到最佳的节能效果。

（2）通过建筑标准化节材。房型可采用统一模数，遵循全明采光、动静分区、南北通透、低碳自然的理念，建筑装修设计一体化，厨房和卫生间全明并且采用标准化设备，可在区域开发政策上规定不得出售毛坯房，住宅类装修可为菜单式精装修或简装修，所有装修材料必须符合环保要求。

（3）充分利用可开发浅层地热能资源及对建筑密集地段的高层建筑采用地下水水源热泵中央空调系统，解决建筑物的冷热能源需求；开发深层地热资源，解决建筑物的供热能源。采用阳台式太阳能系统、屋顶太阳能系统、高保温围护结构等措施以减少能量流失。综合利用地下空间，地下空间与下沉广场结合，实现地下车库自然采光通风。

2）主动控制建筑物热负荷

采用智慧遮阳等形式阻断室外光热传播，为了减少从窗户进入室内的日射负荷，在设计时考虑采用房檐、百叶等可以阻断日射的方案。对围护结构的隔热性能予以强化，采用高气密性、高隔热性、二重结构以及地下隔热等围护结构措施。做好防止室外热量的入侵，防止从墙壁、屋顶、窗户等侵入的外部热量，同时尽量减少从窗户产生的热损失。从屋顶入侵室内的热负荷最大，因此尽量考虑采用屋顶绿化或遮热涂料，减少屋顶表面温度上升。

3）有效利用自然能源

（1）利用自然通风。一是所有建筑在规划阶段进行风环境模拟，综合考虑冬季防风和夏季导风，提高建筑通风效果，实现过渡季节自然通风。二是在建筑内设计用于促进自然通风的中庭空间，将外界自然风引入室内，在过渡期尽量进行自然通风，减少过渡期空调的能源消费量。设计中庭的情况下，即使在无风时也可以进行自然通风（利用中庭上下部的温度差实现自然通风）。此外，不管外界风从哪个方向吹来，通过在建筑物顶部设置遮风板，风吹过时，顶部形成负压，也可以促进自然通风。三是利用楼梯间也可以达到与设置中庭和在顶部设置遮风板相同的自然通风的效果（图 2－5）。在没有风的时候利用楼梯间自然产生的上下温度差实现浮力通风。在楼梯间顶部设置遮风板，外界风吹过时，排风口处形成负压，空气自然由楼梯间流向外部，即使在没有风的时期也可以期待自然通风的效果。

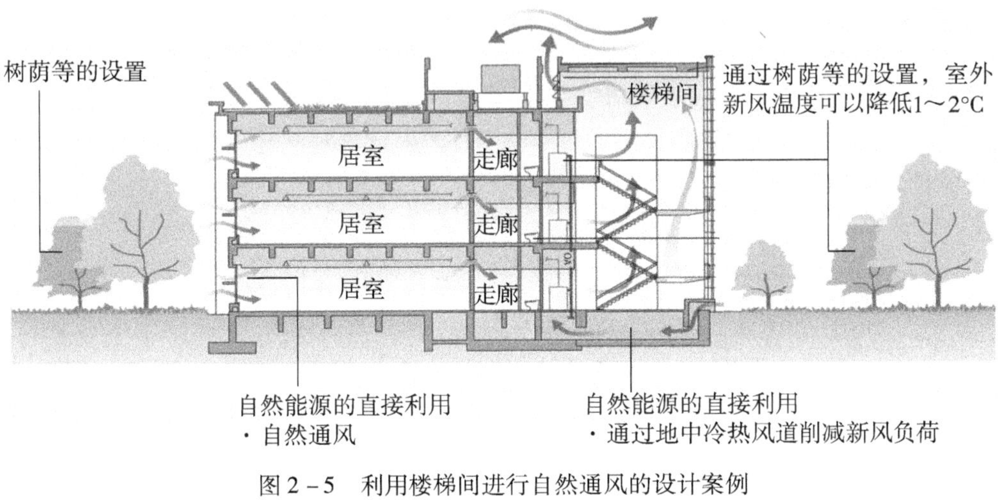

图 2－5　利用楼梯间进行自然通风的设计案例

（2）利用土壤源制造冷热风道。土壤温度夏季比外界凉快，冬季比外界暖和，一年中温度都比较稳定。在建筑物的地下设置空气的通道，利用土壤的冷或热量对空气进行冷却或加热。通过设置地中冷热风道对新风进行预冷和预热（图 2－6），可以达到减少新风负荷的目的，从而实现节能减排。

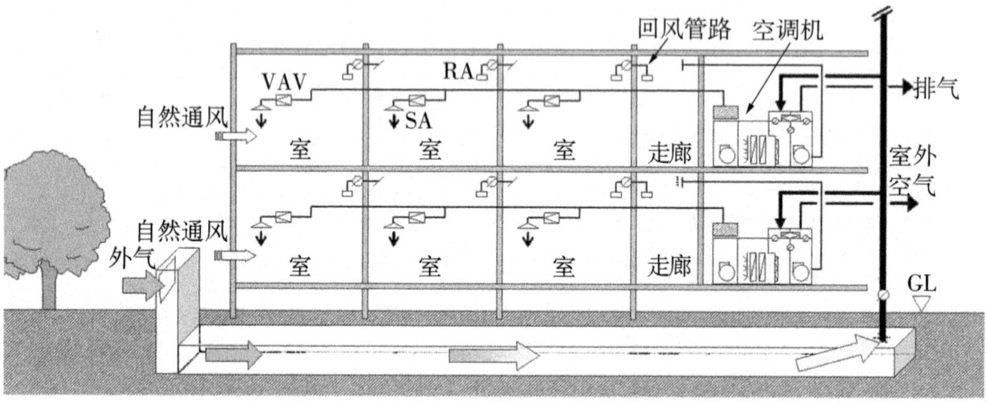

图 2－6　利用地中冷热风道对新风进行预冷和预热

注：VAV，变风量空调系统；SA，送风；RA，回风；GL，室外地坪标高。

（3）通过中庭以及遮光反光板实现自然采光。建筑物能源消费量的 20% 左右属于照明消费的能源。但是如果能够很好地利用白天丰富的自然光，将自然光用于室内照明，那么用于照明的能源消费量将大幅度削减。在建筑规划设计阶段，考虑可以将自然光引入室内的建筑设计（设置中庭、遮光反光板等），在室内办公空间设置照度传感器，通过照度传感器调节室内照明器具的照度情况，达到削减照明负荷的目的。

（4）采用光导管实现自然光的利用。通过窗户采光对于离开窗户比较远的室内空间而言有一定的限度。此外，对于没有外窗的房间也不可能实现自然采光。可以采用光导管引入自然光，光导管可以将自然光传输到建筑物内的很多场所。光导管内采用可视光反射率达到标准的铝材，从采光部进入光导管内部的自然光经过铝材的镜面反射将光运输到放光部。据统计，办公楼宇若通过设置光导管系统，每年用于照明的电力消费量，与一般照明系统相比可以节能 65% 。

（5）太阳能的利用。屋顶上优先考虑设置太阳光发电板和屋顶绿化，太阳光发电板的设置需要考虑与建筑物设计的协调，可以设置在屋顶上或者竖向外墙面。规划设计时应结合能源需求和采光需求（可选用透光型或透明型材质），选取太阳能板的材质、面积和发电效率等参数，应尽可能考虑采用光电设备。

（6）提高设备系统的配置运行效率。综合考虑高效冷热源设备的选定、冷热源水泵的数量、冷热源水泵的变流量控制、设置蓄热/冷槽实现负荷平均化、新风空调和地源热泵等方式提高冷热源系统的效率。如图 2－7 所示，通过采用高能效比（COP）的离心式制冷机，减少了冷冻机的能源消耗，同时利用夜间低谷电力进行蓄冷，可以削减白天峰值负荷，实现了电力需求侧管理，也减少了运行能耗费用。

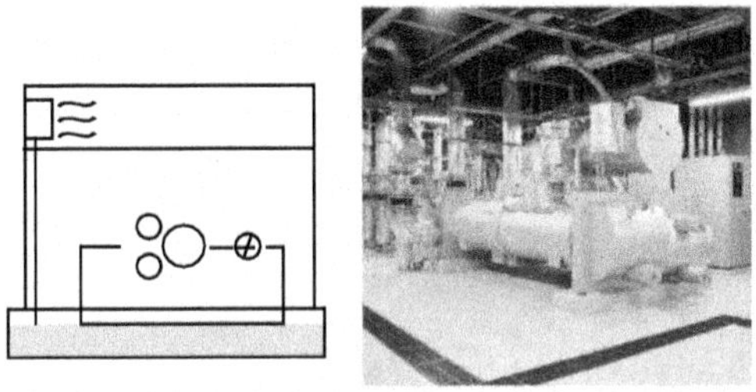

采用高效率离心冷冻机。夜间利用冰蓄积冷量，用于白天空调，抵制用电峰值。

图2－7　高效离心制冷机与冰蓄冷的组合

通过变风量系统、变水量系统以及地板送风等方式可以减少能源传送损耗。通过全热交换器、二氧化碳浓度智能感应控制新风量等技术可以减少新风负荷。通过照明灯具的智慧高效运用，如采用LED灯以及光传感器进行初期照度补正，利用传感器与照度控制系统对照明灯具照度进行控制，可以有效削减照明能耗（图2－8）。通过采用余热回收型热水器、燃气引擎热水器等高效热水设备也可以大幅削减居民生活热水的能源消费量。

利用照度传感器，在明亮的地方减少照明出力。采用效率高的Hf（high frequency）照明照具。

通过人体传感器，在没有人的地方自动关掉照明和停止空调的运行。

图2－8　利用照度传感器和人体传感器控制照明灯具实现节能

4）采用建筑能源环境管理系统

建筑能源环境管理系统（BEMS）是把建筑能耗设备实现在线监测以及节能自动化控制的信息化系统（如图 2－9 所示）。通过 BEMS 可以对建筑物内的能源使用状况、设备运行状况实现在线监测以及在线管理。该系统可以根据监测参数的大数据分析情况，在需求预测的基础上迅速制定设备系统的最优化运行方案，并立即执行。通过实时在线监测，在节省能源管理人工费的前提下，可以有效降低建筑能耗。

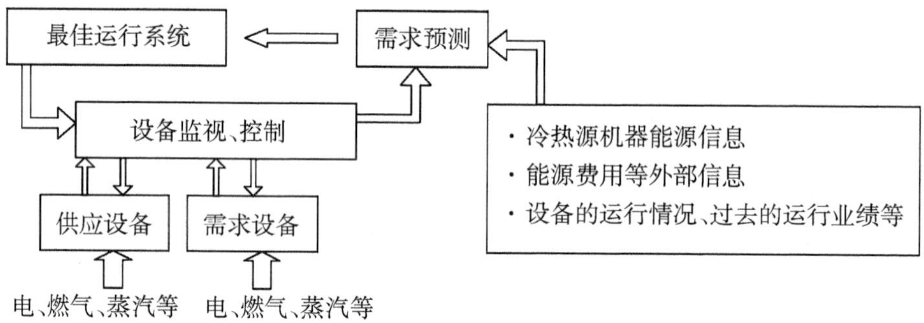

图 2－9　BEMS 概念图

BEMS 应实现如下主要功能：

（1）建筑物能源最优化运行。建筑物的运行管理费用占建筑物整个生命周期费用的 75%～80%。为了提高大楼的经营效率，需要将大楼的运行管理费用最小化。BEMS 可以将建筑物的运行管理费用最小化，同时通过 BEMS 还可以对建筑设备进行时间管理，减少设备的无效运行，进一步节省管理人员的劳力。

（2）优化维修保养管理。建筑设备具有空调采暖、通风、照明、给排水等多种功能。确保设备的正常运行以及维持各种设备的正常功能，是建筑运行管理的关键。BEMS 可以将以上各种设备功能进行可视化信息化管理，便于设备运行的及时维护和最佳的优化运行方案，从而达到节能降耗的目的。

5）运用高效的建筑节能技术

表 2－1 中列出了各种节能技术以及其适用的建筑物。在设计城市综合开发项目单体建筑物时，有必要综合考虑建筑物的用途和使用对象的特性，选取适宜的建筑节能技术。

表 2－1 建筑节能技术及适用范围

技术要素			办公、商业	酒店	住宅
建筑	高隔热化	外墙的隔热	○	○	○
		屋顶的隔热	○	○	○
		屋顶绿化	○	○	○
	遮阳	多层 low-e 玻璃	○	○	○
		热线反射玻璃	○	○	○
		日照调整膜	○	○	○
	蓄热	躯体蓄热	○		
		土壤蓄热	○		
		潜热蓄热	○		
冷热源	设备	高效率冷热源	○	○	
		冰蓄热	○		
		水蓄热	○		
	控制	冷热源台数控制	○	○	
		自组态技术	○		
		启停机及回路控制	○		
空调	设备	全热交换器	○	○	○
		高效率风机	○	○	○
		高效率 V 皮带	○	○	
		空调机 VAV	○	○	
		高效率水泵	○	○	
		冷温水水泵 VWV	○	○	
		冷却水水泵 VWV	○	○	
	控制	CO_2 新风量控制	○	○	
		预冷预热时停止新风	○	○	
		冷热水水泵台数控制	○	○	
		大温度差送水	○	○	
通风设备		停车场 CO 启停控制	○	○	○
		电气室等温度启停控制	○	○	○

续表 2－1

<table>
<tr><th colspan="3">技术要素</th><th>办公、商业</th><th>酒店</th><th>住宅</th></tr>
<tr><td rowspan="8">照明</td><td rowspan="4">设备</td><td>Hf 照明</td><td>○</td><td>○</td><td>○</td></tr>
<tr><td>LED 照明</td><td>○</td><td>○</td><td>○</td></tr>
<tr><td>高效率安定器</td><td>○</td><td>○</td><td>○</td></tr>
<tr><td>高效率诱导灯</td><td>○</td><td>○</td><td>○</td></tr>
<tr><td rowspan="4">控制</td><td>初期照度补正</td><td>○</td><td>○</td><td>○</td></tr>
<tr><td>在室人员检知控制</td><td>○</td><td></td><td></td></tr>
<tr><td>共用部位人感控制</td><td>○</td><td>○</td><td>○</td></tr>
<tr><td>昼光连动控制</td><td>○</td><td></td><td></td></tr>
<tr><td colspan="2" rowspan="2">热水设备</td><td>热泵热水器</td><td></td><td>○</td><td>○</td></tr>
<tr><td>余热回收型热水器</td><td></td><td>○</td><td>○</td></tr>
<tr><td colspan="2" rowspan="2">电梯设备</td><td>电梯 VVVF（变频调速系统）</td><td>○</td><td>○</td><td>○</td></tr>
<tr><td>电动扶梯人感控制</td><td>○</td><td></td><td></td></tr>
<tr><td colspan="2" rowspan="7">自然能源利用</td><td>自然通风</td><td>○</td><td>○</td><td>○</td></tr>
<tr><td>自然采光</td><td>○</td><td>○</td><td>○</td></tr>
<tr><td>新风空调</td><td>○</td><td>○</td><td></td></tr>
<tr><td>地热热泵</td><td>○</td><td>○</td><td>○</td></tr>
<tr><td>太阳能热水</td><td>○</td><td>○</td><td>○</td></tr>
<tr><td>太阳光发电</td><td>○</td><td>○</td><td>○</td></tr>
<tr><td>地中冷热风道</td><td>○</td><td>○</td><td>○</td></tr>
<tr><td colspan="2">BEMS</td><td></td><td>○</td><td>○</td><td>○</td></tr>
<tr><td colspan="2" rowspan="2">其他</td><td>燃料电池</td><td>○</td><td>○</td><td>○</td></tr>
<tr><td>蓄电池（NAS 电池）</td><td>○</td><td></td><td></td></tr>
</table>

6）绿色建筑材料

（1）建筑材料应符合环保等标准要求。

生态文明体系中，特别强调了环境保护和环境监管，并对 PM2.5 等空气质量参数和排放参数进行考核。这就要求项目应用的建筑材料中有害物质含量符合现行国家标准要求。为达到节材的目标，建筑造型要素应简约，无大量装饰性构件；现浇混凝土应采用预拌混凝土；建筑结构材料合理采用高性能混凝土、高强度钢。可将建筑施工、旧建筑拆除和场地清理时产生的固体废弃物分类处理，并将其中可再利用材料、可再循环材料回收和再利用。在建筑设计选材时应充分考虑建筑材料的可循环利用性能。在保证安全和不污染环境的情况下，可再循环材料使用重量应占所用建筑材料总重量的 10% 以上。土建与装修工程一体化设计施工，不破坏和拆除已有的建筑构件及设施，避免重复装修。办公、商场类建筑室内采用灵活隔断，减少重新装修时的材料浪费和垃圾产生。可以大量采用透水地面，将雨水渗入地下，以减少降碱成本。

（2）在非结构材料中广泛应用再利用材料（表2－2）。

表2－2　再利用材料的应用部位

分类	品名	主要用途	使用原材料名
耐热，耐火材料	普通砖	步道，自行车道，停车场等	下水污泥
	普通砖	建筑物外装修	金属渣
防水材料	甲酸涂膜防水材料	一般建筑物屋顶防水	废弃玻璃
	沥青防水	建筑防水材料	废弃轮胎
	防水层保护材料	混凝土屋顶防水层的保护材料	废弃轮胎
楼梯部分	楼梯防滑	楼梯用橡胶，弹性装修材料	废弃轮胎，建筑废材等
表面装修材料	表面装修材料	内表面装修材料	废弃玻璃
	吸音材料	墙壁及天花板吸音材料	泡沫聚苯乙烯废材料
	吸音材料	墙壁及天花板吸音材料	废弃玻璃（碎玻璃）
	遮音板	建筑物上层音的减音	废弃轮胎
	挤压成型地板材料	橡胶弹性地板材料	废弃轮胎
	地板材料	食品加工工场等的地板材料	废弃轮胎

2.2.5　区域能源建设理念

生态文明先行示范区建设方案中提出要节约集约利用资源。加强生产、流通、消费全过程资源节约，推动资源利用方式根本转变。大幅提高能源利用效率。设置科学合理的控制指标，大幅降低能耗，控制能源消费总量。区域集中供热供冷技术具有良好的节能效益，在城市综合开发项目初始阶段应给予一体规划。

1）分时序的区域能源建设规划的思路

城市综合开发项目一般都为分阶段开发，对发电效率差、无法保证稳定供电的开发区域可以采用冷热电联供的区域集中供冷供热设施规划。待电力供应稳定性和效率提高后，可对区域集中供冷供热的热源设备进行更新，该类项目可以采用污水源、地热等新能源，区域能源建设规划如图2－10所示。

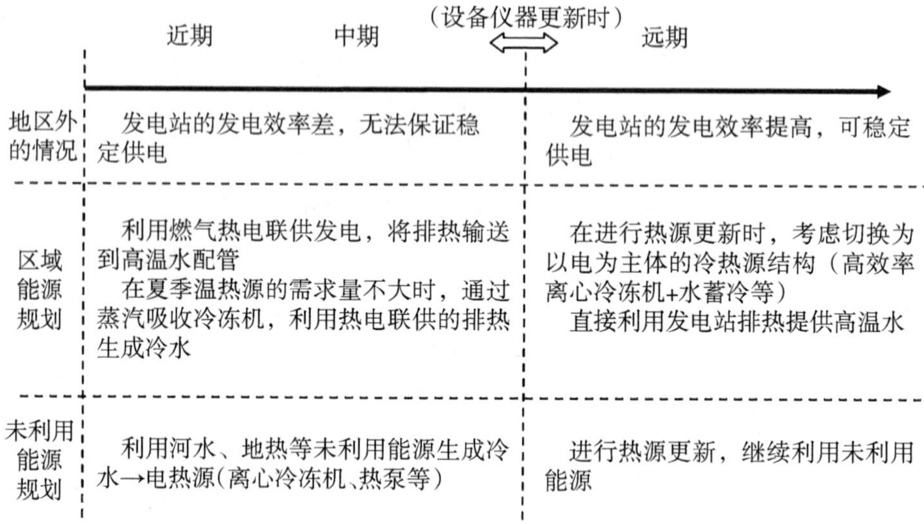

图 2－10　分时序区域能源建设规划的思路

2）**合理开发新能源**

在城市综合开发项目中，应结合地理或建设环境，充分考虑新能源应用。如河水的利用、污水源的利用、地热能的利用等。此外，还有将上述各种方式与河水能源、污水热量、清洁工厂排热等未开发能源组合起来进行区域供冷供热的方式。

（1）河水能源利用。同周围环境温度相比，河水的温度夏季低、冬季高，所以经常作为热源用于热泵等系统中。此外，河水不会向大气中排放热量，可以起到抑制热岛效应的作用。

（2）污水热量的利用。同周围环境温度相比，污水温度与河水相同，具有夏季温度低、冬季温度高的特点，所以经常作为热源水用于热泵等系统中，同时还可以起到缓解热岛效应的作用。

（3）地热利用。地热应用是指使用水热源热泵从地下提取热量或者释放热量的系统。地下温度在夏季时比环境温度低，在冬季时比环境温度高，所以可以大幅度地提高能源利用效果。此外，由于不向大气中释放热量，所以还可以起到抑制热岛效应的作用。

3）**可再生能源应用**

城市综合开发项目中应充分考虑太阳能发电、风力发电、生物质能发电、波力发电、地热发电等可再生能源的应用。

（1）关于大规模风力发电装置的安装效果。安装大规模风力发电装置需要平均风速达到5.5m/s以上。如果安装风力发电装置，可以适当考虑安装小型风力发电装置。

（2）可作为能源利用的生物质能资源很多，也有各种不同的区分方法。主要分为未利用类资源、废弃物类资源和生产资源，各种资源如表2－3所示。城市综合开发项目可以因地取材，开展有关设计。

表2－3 生物质能资源的种类

<table>
<tr><td rowspan="28">生物质能资源</td><td rowspan="9">未利用类资源</td><td rowspan="4">木质类生物质能</td><td rowspan="3">森林生物质能</td><td>林地废材</td></tr>
<tr><td>间伐材</td></tr>
<tr><td>未利用树木</td></tr>
<tr><td colspan="2">其他木质生物质能（剪枝等）</td></tr>
<tr><td rowspan="5">农业残渣</td><td rowspan="2">水稻残渣</td><td>稻草</td></tr>
<tr><td>稻壳</td></tr>
<tr><td colspan="2">麦秸秆</td></tr>
<tr><td colspan="2">作物残渣</td></tr>
<tr><td colspan="2">其他农业残渣</td></tr>
<tr><td rowspan="19">废弃物类资源</td><td rowspan="2">木质类生物质能</td><td colspan="2">木材加工下脚料</td></tr>
<tr><td colspan="2">建筑废料</td></tr>
<tr><td rowspan="3">造纸类生物质能</td><td colspan="2">旧纸</td></tr>
<tr><td colspan="2">造纸污泥</td></tr>
<tr><td colspan="2">黑液</td></tr>
<tr><td rowspan="6">家畜粪便、污泥</td><td rowspan="4">家畜粪便</td><td>牛粪便</td></tr>
<tr><td>猪粪便</td></tr>
<tr><td>鸡粪便</td></tr>
<tr><td>其他家畜粪便</td></tr>
<tr><td colspan="2">污水污泥</td></tr>
<tr><td colspan="2">粪便、化粪池污泥</td></tr>
<tr><td rowspan="6">食品类生物质能</td><td colspan="2">食品加工废弃物</td></tr>
<tr><td rowspan="2">食品销售废弃物</td><td>批发市场废弃物</td></tr>
<tr><td>食品零售业废弃物</td></tr>
<tr><td rowspan="2">厨房废弃物类</td><td>家庭类厨房废弃物</td></tr>
<tr><td>商业类厨房废弃物</td></tr>
<tr><td colspan="2">废弃食用油</td></tr>
<tr><td rowspan="2">其他</td><td colspan="2">填埋地气体</td></tr>
<tr><td colspan="2">纸屑、纤维屑</td></tr>
</table>

续表 2-3

<table>
<tr><td rowspan="8">生物质能资源</td><td rowspan="8">生产资源</td><td>木质类生物质能</td><td colspan="2">短周期栽培木材</td></tr>
<tr><td rowspan="3">草木类生物质能</td><td colspan="2">牧草</td></tr>
<tr><td colspan="2">水草</td></tr>
<tr><td colspan="2">海草</td></tr>
<tr><td rowspan="4">其他</td><td colspan="2">藻类</td></tr>
<tr><td colspan="2">糖、淀粉</td></tr>
<tr><td rowspan="2">植物油</td><td>椰油</td></tr>
<tr><td>菜籽油</td></tr>
</table>

（3）压电发电利用。压电发电是一种通过机械振动进行发电的振动发电方式，采用受到压力而变形时会产生电压的压电转换元件进行发电。在目前开展的实验中有利用乘客通过检票口时产生的振动进行的发电试验、利用汽车通过桥梁时的振动进行发电，并将其作为照明用电源使用的实验等。

在城市综合开发项目中可以综合考虑所在区域的太阳能、风能、生物质能等新能源与可再生能源特征，进行专项规划设计。如果在城市综合开发项目区域内建设污水处理厂，则可对其生物质能进行开发。对不适宜太阳能发电、风力发电、压电发电的城市综合开发区域也可以在公共区域进行小量设置，用于宣传生态文明理念。

4）**区域能源在线监测管理系统（AEMS）建设方案**

生态文明建设目标评价考核办法明确规定，有关部门和各地区应当切实加强生态文明建设领域统计和监测的人员、设备、科研、信息平台等基础能力建设，加大财政支持力度，增加指标调查频率，提高数据的科学性、准确性和一致性。为精准并实时掌握能源消耗及运行情况，及时开展节能策略，完成节能目标，在城市综合开发项目中，需要对项目全区域规划建设节能减排信息化管理（AEMS）。AEMS 通过在线监测各建筑物和厂矿企业、交通运行的能源消耗数据，为达到节能减排的目标，对区域整体能耗实现“节能减排策略—对策实施—效果分析—完善节能策略”一系列管理。AEMS 以楼宇能源管理系统（BMS）等单个能耗系统的采集数据为基础，从项目规划阶段设定先进的能耗指标为起始控制点，在设计阶段或施工阶段对能否达到能耗目标进行实时校验，在运行阶段对能耗目标实现情况进行确认并不断完善，持续性地改善区域能源管理，实现最优化的节能减排目标。

（1）AEMS 主要监测指标。

①城市综合开发区域的煤、电、油、气、热、水以及新能源与可再生能源等

能源资源消耗量及运行参数。

②城市综合开发区域的氮氧化物、PM2.5、PM10 等排放参数。

③城市综合开发区域的二氧化碳、臭氧等空气参数。

④用能单位的产品、产量、产值等生产运营数据。

⑤国家、地方、园区、行业的能源资源、产品、产值等宏观统计数据。

（2）AEMS 数据采集，其频度见表 2－4。

表 2－4　数据采集频度

数据来源	说明	频度
实时采集	安装智能计量采集设备或端设备	15 min／天
用户填报	用户通过系统登录填报	天/旬/月
数据对接	DCS 等系统采集的数据，可通过第三方系统共享接入	天

（3）AEMS 理念及架构设计。

城市综合开发项目 AEMS 设计理念如图 2－11 所示。城市综合开发项目 AEMS 系统架构如图 2－12 所示。

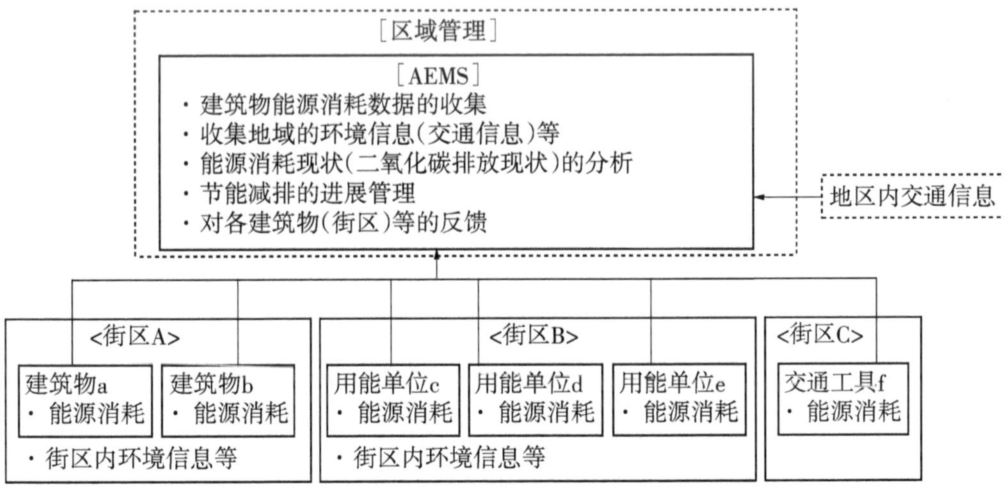

图 2－11　AEMS 设计理念

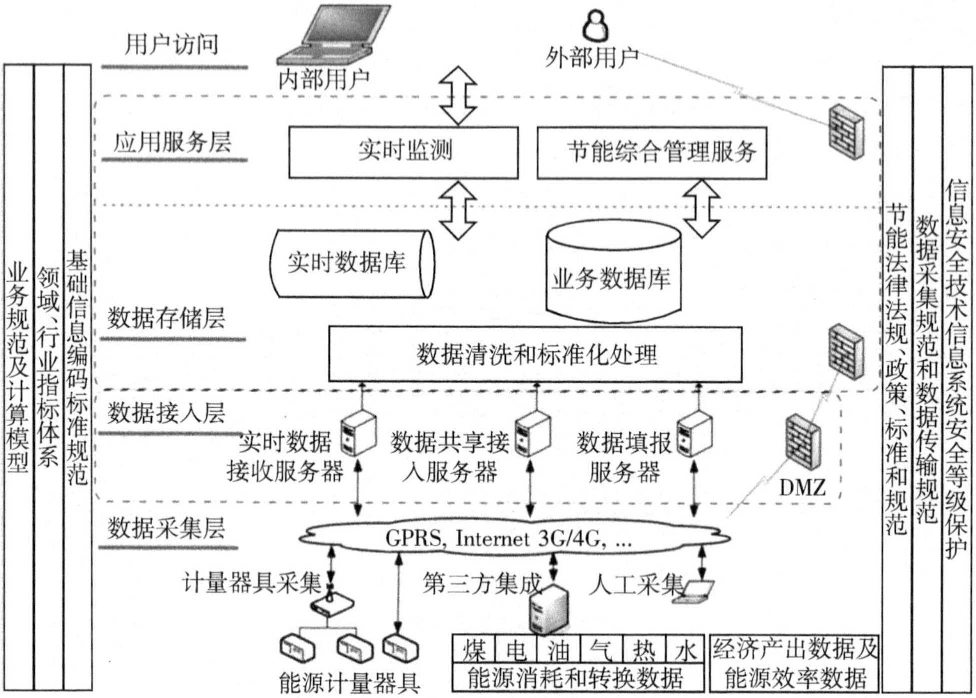

图 2－12　AEMS 系统架构

（4）AEMS 主要功能体系。

①能源数据统计分析：

a. 具备对区域、行业及用能单位能源消费量按能源/资源种类和一定周期进行汇总、定比、环比等统计和分析功能。

b. 具备对区域、行业及用能单位综合能耗计算汇总分析功能。

c. 具备对用能单位能源效率计算分析功能。

d. 具备对区域、行业及用能单位节能量计算、汇总和分析功能。

②能效对标：

a. 按照能效指标对标类型、技术要求及组织管理要求，实现能效对标功能。

b. 建立能效指标数据库、能效标杆数据库和能耗限额定额数据库，实现数据管理功能。

c. 具备限额和定额执行情况分析功能。

d. 建立能效领跑者最佳节能实践库。

③节能考核管理：

a. 具备区域、行业及用能单位的节能目标分解功能。

b. 具备区域、行业及用能单位的完成目标责任考核功能。

c. 具备区域、行业及用能单位的节能目标考核预警功能。

④节能潜力分析：

a. 为用能单位提供各种能效标准下的节能潜力分析。

b. 为用能单位提供各种节能方案下的投资成本分析。

c. 行业能效指标的标准库管理。

d. 行业、区域内部企业节能潜力排名的管理。

e. 重点耗能系统和设备节能潜力分析。

⑤预测、预警和报警：

a. 具备通过分析模型对区域、行业及用能单位的能源消费趋势进行预测的功能。

b. 具备区域、行业及用能单位的能源消费预警功能。

c. 具备采集终端、能源计量仪表的运行异常报警功能。

d. 具备数据采集异常报警功能。

e. 具备多种形式的报警通知功能。

⑥能源利用分析报告：

a. 具有按照不同时间周期完成能源利用状况报告功能。

b. 具备区域、行业及用能单位的能源利用状况报告管理功能。

⑦碳排放管理：

a. 各类能源品种的折煤系数与碳排放系数管理。

b. 碳核算模型与公式管理。

c. 市、行业、区域以及用能单位碳排放分类核算。

d. 市、行业、区域以及用能单位碳排放预警管理。

⑧用能单位服务项目：

a. 为用能单位提供监测数据查看功能。

b. 为用能单位提供设备系统管理功能。

c. 具备不同节能改造方案的能耗模拟分析。

d. 为用能单位提供能源利用状况分析报告。

e. 为用能单位提供现场监测报告。

f. 为用能单位提供用能权交易管理功能。

g. 为用能单位提供能效对标和排名信息。

h. 为用能单位提供异常报警信息。

i. 为用能单位提供能量平衡网络图、能量平衡表和计量网络图。

⑨区域能源策略分析：

a. 具备根据能耗情况及环境信息，优化区域能源运行策略的功能，具体功能如图 2－13 所示。

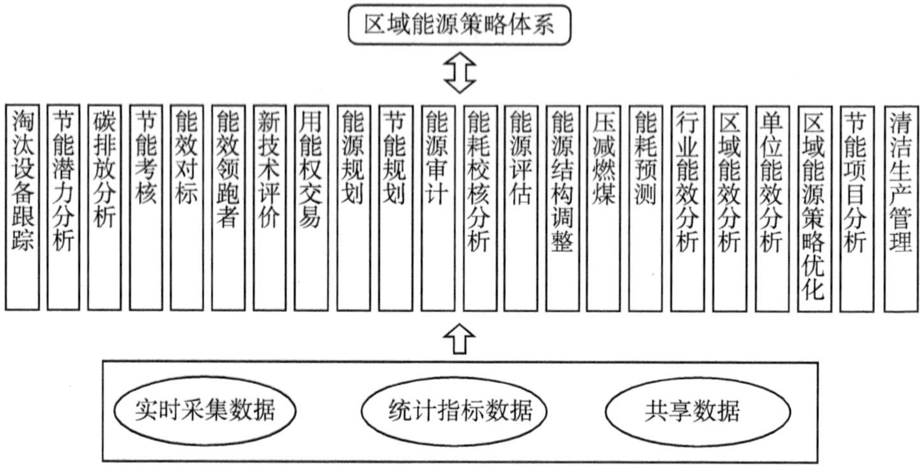

图 2－13　城市综合开发项目区域能源策略体系图

b. 具备根据以往成功的节能策略进行归纳学习，提高能源运行策略科学性的自学习自适应能力。

（5）AEMS 技术体系。

①传输关键技术：

a. 实现计量数据从能源计量器具到采集终端的采集传输。

b. 实现计量数据从采集终端到平台的传输。

c. 实现平台对平台、能源管控中心或其他能源管理系统的数据传输。

d. 实现了远程传输功能的能源计量器具与平台直接传输。

e. 数据传输协议实现采集终端与平台或能源管控中心之间的数据传输和指令控制，协议层次见图 2－14。

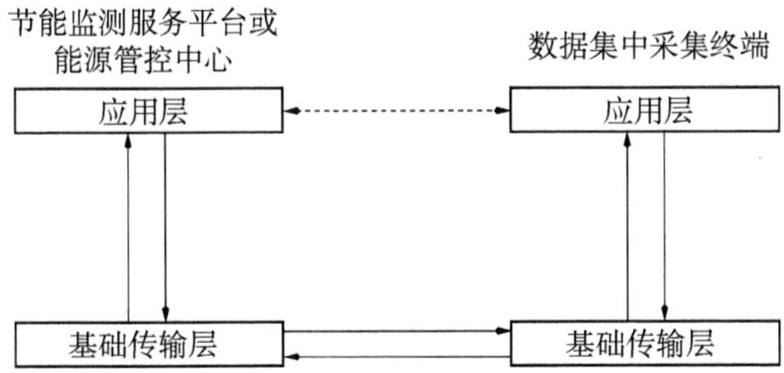

图 2－14 传输协议层次

②资源共享和数据交换关键技术。

a. 可实现与其他平台、能源管控中心的资源共享和数据交换。

b. 支持端设备采集与计量仪表直接采集的多种数据采集方式。

c. 数据交换服务接口基于 SOA 架构开发，满足多点部署、灵活扩充的需求。

d. 数据交换服务接口使用 XML、FTP、HTTP、JMS、Socket 和 Web Service 等开放标准开发。

e. 数据交换服务接口实现同步数据传输和异步数据传输两种传输方式。

③软硬件及数据库关键技术：

a. 应用软件开发采用了 B/S 或 C/S 和 B/S 结合的软件架构，满足系统扩展及二次开发的需要，第三方测试机构评测为合格等级。

b. 单独配置数据采集服务器、数据库服务器、应用服务器，并根据需要采用冗余和备份措施。

c. 采用大数据、云计算、虚拟化等，提高分析能力和效率的技术。

d. 根据系统规模配置实时数据库和关系型数据库，可提供日志镜像、自动恢复、数据一致性校验和集群机制的数据库容错机制。

e. 整体软硬件系统达到安全等级第二级及以上标准要求。

（6）AEMS 应用、运行维护及档案管理要求。

①定期完成能耗数据分析评价报告，实现对区域、行业、用能单位的能源利用评价，研究制订节能方案。

②制定运行维护管理方案并严格落实，按期完成运行维护报告。

③按标准编制平台开发文档，建立运行维护档案管理规范。

2.2.6 区域环境规划建设理念

生态文明指标体系中，关于环境保护的指标共涉及地表水达到或好于三类水体比例等12个指标，是首要关注的考核评价指标。在生态文明先行示范区建设方案中也提出，要加大生态系统和环境保护力度。实施重大生态修复工程，加强自然生态系统保护，扩大森林、草原、湖泊、湿地面积，保护生物多样性，增强生态产品生产能力。以解决大气、水、土壤等污染为重点，加强污染综合防治。生态文明建设的内在要求，需要从业者在城市综合开发项目中应充分完善环境规划设计方案，确保新建成的城市综合开发项目实现生物绿化多样性，改善热环境，垃圾循环再利用率、污水处理后的再利用率均达到先进水平。这就需要水资源循环利用中采用广域循环方式，同时环境规划中对垃圾再利用和水资源循环利用提出明确要求。

1）城市综合开发项目环境整体规划思路

环境保护与开发利用要严格遵循自然、融入自然，坚持资源开发与保护并重，通过保护存在水系、充分开发浅层地热能和深层地热资源等措施实现资源的可持续。通过建立雨水收集、处理、储存、利用等设施，实现水资源的合理利用；同时涵养地表水源，强化地面渗透系统，居住街区内除有地下或半地下构筑物、建筑物外，其他铺装地面应采用透水铺设，并对透水铺设地面面积所占比率进行明确规定；设置渗井、渗透沟、各类水槽，碎石储存槽或利用水池等设施对雨水进行贮存，增加雨水渗透量，从而降低地面径流。

2）热环境规划设计理念

城市热环境改善（热岛效应对策）能有效提高城市环境的品质，同时还将对在广域范围内降低能源消费量做出贡献，所以在城市综合开发项目各街区范围内采取对策十分重要。在规划阶段应将用地和街区的热环境改善进行系统分析、统一规划。

（1）集中连片绿化。可以对建筑物进行集约型的布局规划，给出足够的外部空间用于绿化，与公园共同形成大尺度绿地，同时，在低层屋顶进行屋顶绿化以形成集中连片绿化。大规模绿地能够高效利用草坪的放射冷却效果，为宏观热环境改善做出贡献。

（2）在绿化规划中设计风道。规划设计丘陵地形（或屋面），使得人工地面与周围的丘陵地形相协调，采用平滑的山丘形状，构成大规模的绿化斜面。可以采用枫树等中等乔木进行斜面绿化，以绿化斜面和乔木树冠包围区域的绿荫空间形成风道，以风道包围居住和办公区域。同时，采用表面温度较低冷气容易停留的植物垫，改善热环境。

（3）以乔木树木形成街道空间（图2－15）。乔木树木形成的绿荫空间，比起低灌木和草坪等更具有降低气温的效果。需要对乔木街道树的布局与建筑物的距离及街道树的列数组合进行专门计算。

（4）广泛使用降低地表面温度的铺装材料。人行道和低层建筑物的屋顶部分等采用隔热材料或保水性铺装材料等，与通常铺装材料相比，这些铺装表面温度可显著降低地面温度。

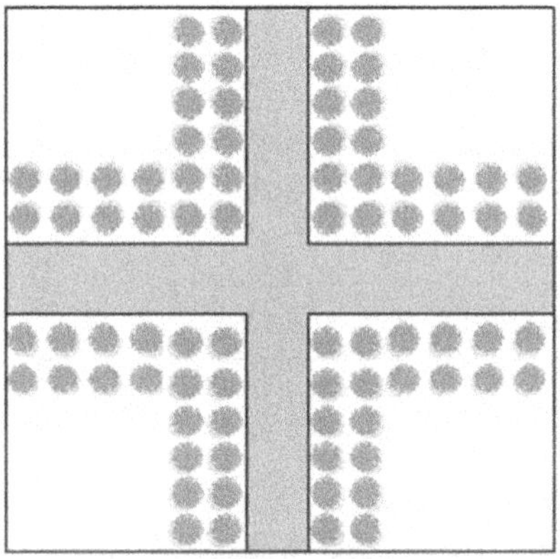

乔木街道树的布局

2列乔木街道树+保水性铺装

建筑物前共同布置树冠大的乔木

建筑物之间以木制平台连接

图 2－15　通过各街区单元的乔木街道树的布局形成连续的风道

3）**资源循环利用设计理念**

生态文明考核绿色发展指标体系中，将生活垃圾无害化处理率、危险废物处置利用率、一般工业固体废物综合利用率、农作物秸秆综合利用率等 4 个垃圾处理指标作为发展指数重要评价内容。城市综合开发项目地区人口密集、工业生产规模大，将产生大量垃圾，应对其有效利用进行专门规划设计。

（1）城市综合开发项目垃圾分类。将项目建成后的垃圾分为家庭排放废弃物、事业活动废弃物两类，垃圾分类详见表 2－5 和表 2－6 所示。

表 2－5　家庭排放废弃物分类

区分	种类	详细内容
家庭废弃物	①可燃垃圾	炊事产生的剩饭等厨余垃圾，碎纸、报纸、杂志等废旧纸类，庭院树木剪枝、落叶等产生的植物垃圾，衣服类等
	②不燃垃圾	餐具、窗户等玻璃，餐具、花瓶等陶瓷器，锅等金属，塑料瓶等塑料等
	③粗大垃圾	大型电器制品（不含以下 4 类家电）、柜子等家具类，通常无法收集的大型垃圾
	④家电 4 种	洗衣机、空调、电视、冰箱
	⑤电脑	电脑及周边机器
	⑥机动车	机动车
	⑦有害垃圾	干电池、荧光灯、体温计等含有害物质的垃圾
事业系废弃物	①可燃垃圾	厨房垃圾、纸屑、木屑
	②粗大垃圾	大型食具橱、桌子等，通常无法收集的大型垃圾中的木制垃圾
粪尿	①粪尿	汲取粪尿，包括因人的排泄行为附带的厕所卫生纸类等
	②化粪池污泥	采用化粪池方式时，池中存留的污泥

表 2－6　事业活动产生的废弃物分类

区分	种类	详细内容
伴随所有事业活动的废弃物	①炉渣	煤渣、燃烧炉清扫残渣物、其他燃烧屑
	②污泥	排水处理后及各种制造业生产工程排出的泥状物、活性污泥法处理后的污泥、楼房坑污泥（除了粪尿）、碳化物残渣、斑脱土污泥、洗车场污泥等
	③废油	矿物性油、动植物性油、润滑油、绝缘油、洗净油、切削油、溶剂、芳香剂等
	④废酸	照片定像废液、废硫酸、废盐酸、各种有机废酸类等所有的酸性废液
	⑤废碱	照片显影废液、废苏打液、金属肥皂液等所有的碱性废液

续表 2-6

区分	种类	详细内容
伴随所有事业活动的废弃物	⑥废塑料类	合成树脂屑、合成纤维屑、合成橡胶屑（包括废轮胎）等固体、液体的所有的合成高分子系化合物
	⑦橡胶屑	天然橡胶屑
	⑧金属屑	钢铁、非金属物体的研磨屑、切削屑等
	⑨玻璃屑及陶瓷器屑	玻璃类（板玻璃等）、耐火砖屑、石膏板等
	⑩矿渣	铸物废砂、电炉等溶解炉灰、废石、不良煤、粉炭灰等
	⑪混凝土碎片等	建筑物的新建、改建或拆除产生的混凝土碎片、砖碎片和其他类似废弃物
伴随特定事业活动产生的废弃物	①纸屑	建筑业产生的垃圾（构造物的新建、改建或拆除产生垃圾），纸浆、纸或纸张加工品的制造业、报纸业（报纸使用的卷芯纸等印刷发行产生的垃圾）、出版业（印刷出版垃圾）、装订业、印刷物加工业产生的纸屑
	②木屑	建筑业相关（构造物的新建、改建或拆除产生的垃圾）、木材或木制品的制造业（家具制品制造业）、纸浆制造业、输入木材批发业产生的木棉片、锯屑、树皮类等
	③纤维屑	建筑业（构造物的新建、改建或拆除）、衣服其他纤维制品制造业以外的纤维工业产生的木棉屑、羊毛屑等天然纤维屑
	④动植物性残渣	作为食品、医药品、香料制造业原料使用的动物或植物的固体废弃物、糖粕、胶渣、酿造渣、发酵渣、鱼或兽类的骨头等不用部分
	⑤动物系固体废弃物	屠宰场杀死的或解体的、杀鸡处理场处理产生的固体废弃物
	⑥动物粪尿	农业畜牧业排出的牛、马、绵羊、鸡等的粪尿
	⑦动物尸体	畜产农场排出的牛、马、绵羊、鸡等的尸体

（2）城市综合开发项目垃圾的利用。以垃圾的能源化、循环化、资源化作为原则，在项目开发中进行有关基础设施的建设，垃圾的循环利用模式如图 2-16 所示。

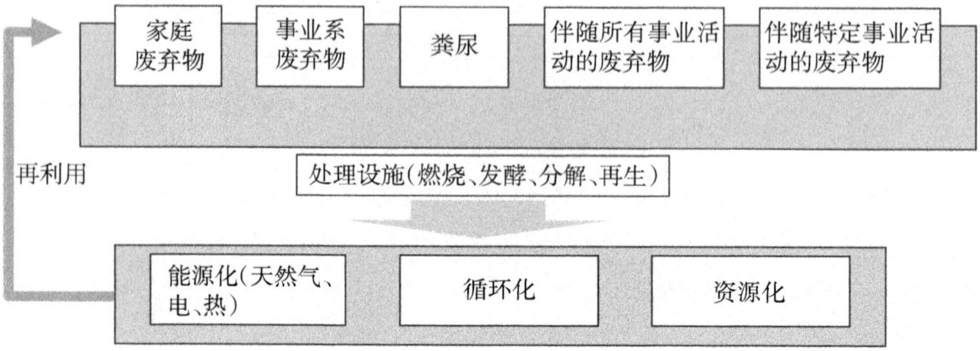

图 2 - 16　垃圾的循环利用模式

4）**水资源循环规划设计理念**

生态文明考核目标体系和绿色发展指标体系，均将万元 GDP 用水量下降、用水总量、单位工业增加值用水量降低率、农田灌溉水有效利用系数作为考核评价指标。城市综合开发项目产业集聚、人口众多将面临大量的用水。需要对水资源循环利用进行源头规划，循环利用。

（1）循环利用水资源用途。可对生活排水和产业排水进行污水处理并循环使用，产生的中水用于与人体不直接接触的场所，如厕所冲洗用水、公园喷泉等景观用水、植物灌溉用水、室外清扫用水、设备冷却用水、各种冲洗用水、娱乐设施用水等。

（2）水资源循环利用设计。可在城市综合开发项目每个街区中设置中水处理设备。采用广域循环方式，将地区整体的排水统一规划，形成区域中水处理和供给网络，以中水满足大部分建筑物及周边绿化非接触用水需要。水资源循环利用模式如图 2 - 17 所示。

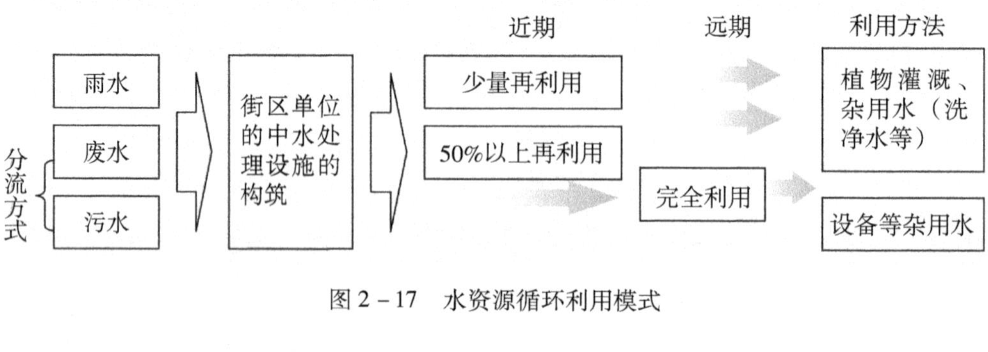

图 2 - 17　水资源循环利用模式

2.2.7　区域绿色交通建设理念

城市综合开发项目一般作为城市发展的新基地，建筑体量较大，产业集聚，属于高密度、大规模开发项目。考虑到就业人员规模大，多数员工依靠从中心城区等区域流入，集中到该区域的车辆多，势必大幅度超过规划道路交通容量，将增加城市运行难度。在规划设计中，要对绿色交通进行专项设计，综合采取限制车流，优化地铁和公交车等公共交通线路及站点布局，提高车站周边土地的利用率，提高公交路线便利性和可达性等措施实现区域绿色交通。通过这些对策，可在交通领域有效降低排放、节约能源资源。

1）绿色交通规划整体思路

城市综合开发项目绿色交通系统可由轨道交通（经济发达地区）、公交专用道以及慢行系统构成。慢行系统与机动车系统可立体分离，使慢行更加安全舒适；在平台层结合绿色中庭、在地面层沿生态廊道组织慢行系统，在两者之间设置垂直转换节点。交通组织方案可在片区内部道路交叉口为平交式，直行采用信号灯管理，利用地块内部架空层空间解决左转交通；外部主要过境交通交叉口采用直行立交方式；该交通组织方案可利用架空层空间解决左转向问题，可以提高交通效率；由于交叉口没有了左转车道，扩大了交叉口直行通行能力；外部交通可采用直行立交方式，内外交通干扰小，交通效率高。最终绿色交通实现人车分离、机非分离、动静分离。城市综合开发项目绿色交通设计需综合考虑关联要素，对土地、环境、政策、技术等进行统筹考虑，相关要素如图2－18所示。

2）公共交通规划设计理念

地铁的运量大，高峰时的运输能力达到4万～5万人/小时，是城市综合开发项目首选的公共交通方式。建设地铁可以取得巨大的节能减排效果。在城市综合开发项目地铁网络的规划设计中，应确保换乘的便利性，并综合考虑城市运行成本。不具备经济条件的地区可以快速公交系统（BRT）等公共交通工具代替。地铁站点位置应与车站周边土地利用有效整合，实现与公交等交通工具的换乘便利性。交通需求规模中等的城市和地区在城市综合开发项目中可以引进拥有专用车道的快速公交系统（BRT）。快速公交系统可以有效利用已有公路，且可以在短期内实施完成，因此运输需求规模中等的城市综合开发（含改造）地区可以用公交系统作为短期对策。

图2－18　绿色交通关联要素图

3）**促进自行车的使用**

在地势较为平缓的城市综合开发项目中，应积极推进自行车使用，建设相应停车区和服务区。城市综合开发项目中，住宅和产业较为接近，相当一部分从业人员可以用自行车替代机动车出行。为了避免道路拥挤，需要制定适当分配道路空间的规划。

4）**充分考虑新能源汽车使用**

研究显示，区域空气质量与机动车排放直接相关。生态文明考核指标中明确将非化石能源占一次能源消费比重列为约束性指标。电动汽车不使用化石燃料，不直接排放二氧化碳，随着续航能力的增加，将加快替代燃油机动车。在城市综合开发项目中应充分推广使用电动汽车，建设相应的充电、停车等配套设施，并在配套设施规划中充分预留电动汽车的发展空间。

5）**慢行步道与短距离移动支援系统**

（1）开展慢行步道规划。设置舒适、安全的慢行系统可减少区内活动对汽车的依赖，促使人群形成选择慢行出行的方式；慢行步道规划需实现人、机分离，没有人和非机动车的干扰的机动车系统将明显提高运行效率，从而实现大幅度降低机动车油耗，有利于区内环境空气质量的改善、交通噪声的降低和节约能源，同时，为公交专用道系统的组织创造了条件，有利于绿色出行比例的提高。

（2）短途移动支援系统。若区域周边存在公共交通路线规划长距离不可达区域，项目内部需要配套舒适、顺利的移动工具，以降低从周边地区徒步移动到中心位置时的行人负担。可以考虑设置观光短途电动车、租赁自行车、租赁电动车等移动支援系统，缩短到达时间，减轻长距离徒步压力，增加项目的使用品质。

2.3 基于生态文明体系的城市综合开发项目建设指标体系研究

本节基于城市综合开发项目开展生态文明建设的主要内容，结合国家《生态文明建设考核目标体系》《绿色发展指标体系》以及城市综合开发项目建设实践，提出了针对城市综合开发项目的生态文明建设指标体系。指标体系包括35个控制性指标和4个引导性指标（表2－7），共涉及11个领域，以确保项目达到生态文明的建设理念要求。控制性指标分为三个大类：生态环境健康、社会和谐进步以及经济蓬勃高效。考虑到生态文明先行示范区建设方案和生态文明考核评价指标体系均对地区的制度建设和生态文化等提出了相关要求，因此建立了区域协调融合的四大类引导性指标，主要用于引导项目实现生态、政策、文化、经济协调发展。

该指标体系参考国家生态文明考核办法中定量指标和引导性指标两种考核指标相结合的方法，对城市综合开发项目建设开发具有很好的规范引导作用。本书提出的指标主要针对城市综合开发项目，所包含的范围更广，也更有针对性。相关指标如“水喉水达标率”等也更为先进，尤其是在温室气体排放、可再生能源、固废循环利用和水资源再生等方面。其中还包括促进能源和资源节约型生活方式的多项指标，例如对绿色出行、绿色建筑、绿色产品应用的规定以及对家庭水资源消耗和垃圾生成量的限制。按照本书所提出的建设目标，可以全面贯彻国家、地方关于生态文明建设的有关要求，切实提升城市综合开发项目的建设品质。

表 2－7　城市综合开发项目建设指标体系

控制性指标					
	指标层	序号	二级指标	单位	指标值
生态环境健康	自然环境良好	1	区内环境空气质量	天数	好于等于二级标准的天数≥310天/年（相当于全年的85%）
				天数	SO_2和NO_x好于等于一级标准的天数≥155天/年（相当于达到二级标准天数的50%）
		2	区内地表水环境质量	—	达到《地表水环境质量标准》（GB 3838）现行标准IV类水体水质要求
		3	水喉水达标率	%	100
		4	功能区噪声达标率	%	100
		5	单位GDP碳排放强度	吨 C/百万美元	本地区考核优秀
		6	单位GDP能源消耗量	%	本地区考核优秀
		7	单位建筑面积能耗	千克标准煤/(平方米·年)	达到地区先进值
		8	能源消费总量	万吨标准煤	本地区考核优秀
		9	化学需氧量排放总量	%	本地区考核优秀
		10	氨氮排放总量	%	本地区考核优秀
		11	二氧化硫排放总量	%	本地区考核优秀
		12	氮氧化物排放总量	%	本地区考核优秀
		13	区域内江河湖泊水功能区水质达标率	%	本地区考核优秀
		14	自然湿地净损失		0

续表 2－7

控制性指标					
	指标层	序号	二级指标	单位	指标值
	人工环境协调	15	绿色建筑比例	%	100
		16	本地植物指数		≥0.7
		17	人均公共绿地	平方米/人	≥12
社会和谐进步	生活模式健康	18	日人均生活耗水量	升/（人·日）	≤120
		19	日人均垃圾产生量	千克/人	≤0.8
		20	用水总量	亿立方米	达到本地区考核要求
		21	一般工业固体废物综合利用率	%	达到地区先进值
		22	绿色产品市场占有率（高效节能产品市场占有率）	%	达到地区先进值
		23	节水器具普及率	%	达到地区先进值
		24	绿色出行所占比例	%	达到地区先进值
	基础设施完善	25	垃圾回收利用率	%	≥60
		26	步行500米范围内有免费文体设施的居住区比例	%	100
		27	危废与生活垃圾（无害化）处理率	%	100
		28	污水集中处理率	%	100
		29	无障碍设施率	%	100
		30	市政管网普及率	%	100
	管理机制健全	31	经济适用房、廉租房占本区住宅总量的比例	%	≥20
经济蓬勃高效	经济发展持续	32	可再生能源使用率	%	≥15
		33	非传统水资源利用率	%	达到地区先进值
	科技创新活跃	34	每万劳动力中R & D科学家和工程师全时当量	/（人·年）	≥50
	就业综合平衡	35	就业住房平衡指数	%	≥50

续表 2－7

引导性指标				
	指标层	序号	二级指标	指 标 描 述
区域协调融合	自然生态协调	1	生态安全健康、绿色消费、低碳运行	考虑区域环境承载力，并从资源、能源的合理利用角度出发，保持区域生态一体化格局，强化生态安全，建立健全区域生态保障体系
	区域政策协调	2	创新政策先行、联合治污政策到位	积极参与并推动区域合作，贯彻公共服务均等化原则；实行分类管理的区域政策，保障区域政策的协调一致。建立区域性政策制度，保证周边区域的环境改善
	社会文化协调	3	本地文化特征突出	城市规划和建筑设计延续历史，传承文化，突出特色，保护民族、文化遗产和风景名胜资源；安全生产和社会治安均有保障
	区域经济协调	4	循环产业互补	健全市场机制，打破行政区划的局限，带动周边地区合理发展，促进区域职能分工合理、市场有序，经济发展水平相对均衡，职住比平衡

2.4 城市综合开发项目政策体系研究

生态文明先行示范区建设方案提出要创新体制机制，对建立生态文化体系、区域协调发展等政策提出明确要求，生态文明考核评价办法及指标体系也对区域行政主管部门考核第三产业增加值占 GDP 比重、战略性新兴产业占 GDP 比重、公众满意程度（居民对本地区生态文明建设、生态环境改善的满意程度）、能源消费总量、绿色出行、氮氧化物排放总量等提出明确考核要求。这就需要政府对城市综合开发项目在经济、社会、环境等政策方面给予约束和引导，相关配套政策是项目可以按照既定建设理念和指标体系顺利实施的保障。综合生态文明体系有关规定，提出以下六方面的政策为城市综合开发项目参考借鉴。

（1）产业政策：设定产业准入门槛，严格落实当地政府关于城市综合开发项目的产业规定，鼓励生态型产业、高新技术产业和低污染产业等产业进入；建立科技创新奖励制度、环保类研发财政投入制度等高质量产业发展政策。

（2）住房政策：优化公租房、人才保障房、公有产权房等住房资源配置，探索住房制度改革，创新金融、财政等公共政策，建立科学、合理的住房建设和消费模式，形成多层次、多元化的住房供应体系。

（3）文化政策：对生态文化教育、创意产业予以政策扶植；对公益性文化设施免收门票或降低门票价格；鼓励开展社区文化、教育普及活动。

（4）交通政策：制定利于绿色交通发展的小汽车拥有与使用政策、停车收费结构与收费方式等相关政策；深化交通投融资体制改革，提升城市绿色交通系统的公益性法律地位，形成政府定期资金投入制度。

（5）环保政策：推行企业污染零排放制度、清洁生产制度、循环经济奖励制度；制定阶梯水价、征收节水税；实施绿色建筑制度。

（6）区域协调政策：积极推进跨区域协调机制的形成，统筹区域自然生态格局、产业布局、城镇用地功能布局、公共服务设施布局和市政基础设施建设。

2.5 本章小结

本章对我国生态文明政策、制度和有关研究成果进行了系统梳理，归纳出了生态文明建设体系要点，结合生态文明先行示范区建设方案和生态文明建设目标考核评价指标体系，提出了城市综合开发项目的生态文明建设要点和建设指标目标体系，进而明确了城市综合开发项目的开发理念。

通过本章研究，明确了基于生态文明体系的城市综合开发项目，应是以生态修复和保护为目标，建设自然环境与人工环境共融共生的生态系统，实现人与自然的和谐共存，形成以绿色交通为支撑的紧凑型城市布局。城市综合开发项目应优先考虑以生态廊道、生态社区构成城市基本构架；建立中水回用、雨水收集、水体修复为重点的生态循环水系统；以可再生能源利用为标志，加强节能减排，发展循环经济，构建资源节约型、环境友好型开发区域。

本章内容明确了基于生态文明体系的城市综合开发项目内涵，给出了该类项目的规划建设理念和实施路径，为城市综合开发项目预评价工作提供了理论基础。

3 城市综合开发项目预评价理论体系的构建

本章在前一章的基础上，首先对城市综合开发项目预评价的研究范围和研究内容进行分析和界定，通过对城市综合开发项目研究内容和全要素、全过程以及全周期的详细分析，得出了该类项目的内在特性，从而为后续预评价理论体系构建奠定基础。通过对项目评估理论的细分，将项目决策阶段评估进行了重新研究界定，构建了预评价的基本理论体系，从而为项目评估理论的前向延伸提供理论研究基础。

3.1 城市综合开发项目的研究范围

城市综合开发项目管理研究始于20世纪80年代中期，城市综合开发项目管理理论从出现到现在只有短短的20年时间，目前对于城市综合开发项目有以下一些典型定义。

美国项目管理协会（PMI）将城市综合开发项目定义为："经过协调统一管理以便获取单独管理时无法取得的效益和控制的一组相互联系的项目"，并且还将城市综合开发项目的特点归纳为：多重性、可测量性、复杂性和不确定性。

日本工程促进会开发的《企业创新项目与计划管理指导手册》（P2M）认为：城市综合开发项目是企业为实现整体战略目标而发起的一组项目，彼此独立或联系不大的项目组合不是城市综合开发项目。

著名项目管理学者，《国际项目管理杂志》主编 Turner 教授认为：一个城市综合开发项目是指具有内在联系的若干项目，为了实现利益的增加而采取的统一协调管理。

综合目前国内外研究组织和学者对城市综合开发项目的定义，不难发现，城市综合开发项目具有以下4个特征：多个子项目同时进行；统一于整体的战略目标；统筹和集约分配资源；具有"1+1>2"的效益。

城市综合开发项目是在确定的组织战略和组织目标下，通过集中协调管理，以实现整体战略利益的一组项目。城市综合开发项目中的项目共享组织的资源，可以进行项目之间的资源调配。城市综合开发项目经过协调统一管理能获取子项目单独管理时无法取得的效益。城市综合开发项目管理是在有多个项目的前提下，通过统筹协调和集约分配现有资源以获取项目集群最佳实施组合的管理，并获得集群效益的过程。

通过对国内外建设实践以及项目管理理论的研究，本章主要对城市综合开发项目的研究内容进行了重新界定。城市综合开发项目主要是指新城区的整体规划建设开发项目或旧城区的整体综合性改造提升项目，该类项目遵循区域统一规划、整体建设以及规划、建设、开发三者有机融合等特点，其具体的表现形式包括经济开发新区、专属经济区等政策性先试先行开发区域的建设项目，也包括旧城区（含城中村）的整体提升改造项目。

目前城市综合开发项目主要业务涉及市政基础设施项目、土地整理项目、社会服务性基础设施项目和房地产置业项目这四大类项目（图 3 – 1）。其中的每个单项业务由于项目客体较为单一，即项目的最终交付物即为项目目标，因此本书将其定义为“项目”，其中主要包括道路建设与改造项目、桥梁建设项目、土地整理项目、城市绿化、房地产开发等项目。城市综合开发项目的复杂性，一般会涉及多种项目类型的耦合，涉及土地整理、道路新建、管网铺设、住宅及公用建筑建设等项目。

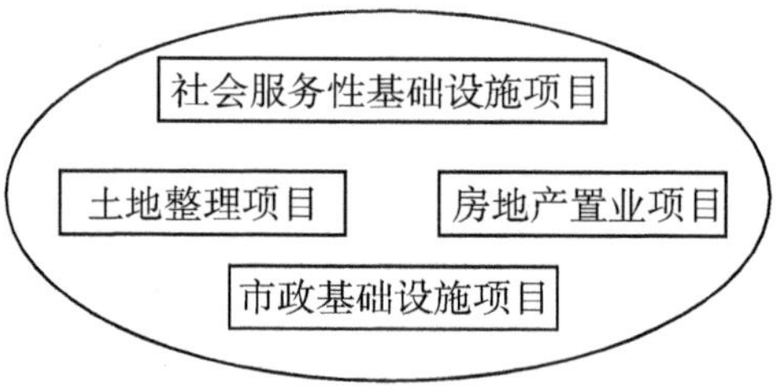

图 3 – 1　城市综合开发项目主要内容组成关系图

3.1.1　城市综合开发项目的构成

城市综合开发项目不但受到项目所在城市的发展规划、经济发展水平、产业结构、人文环境等宏观因素的影响，更重要的是组成这种项目的各个单体项目之间存在着必然的科学配置关系，而这种内在关系将直接决定着项目的成败，并持续影响项目的运营和管理。目前的城市综合开发项目主要由土地整理项目、市政基础设施项目、社会服务性基础设施项目和房地产置业项目四类项目有机组成。该四类项目主要包括以下内容：

（1）土地整理项目：土地整理是开展城市综合建设开发的基础工作和进行城市建设开发的前提条件，主要包括征地、拆迁和七通一平三项内容。对于大规模的土地整理项目，征地、拆迁和七通一平项目通常是按照一定时序在不同地块间滚动进行的。

（2）市政基础设施项目：市政基础设施项目是指城市生存和发展所必须具备的工程性基础设施的总称。目前该类项目主要包括通信设施（地面/地上）项目、供暖设施项目、供电设施项目、供气（煤气/天然气）设施项目、给排水设施项目、交通设施项目（主要包括地铁、轻轨、高速公路、城区普通道路、立交桥等）、污水处理设施项目、垃圾及固体废弃物处理设施项目及城市防灾设施项目等。

（3）社会服务性基础设施项目：社会服务性基础设施项目一般指行政管理、文化教育、医疗卫生、社会福利等设施。该类基础设施主要是服务于居民的各种机构和设施，如教育和保健机构、文化和体育设施，制度保障机构如公安、政法和城市建设规划与管理部门等。其最显著的特点是不以营利为目的，这种项目在建成后可能会有一定收益，但没有盈利和利润分配。

（4）房地产置业项目：房地产置业项目是以营利为目的，可向项目所在社区或地区提供各类服务的建筑物或设施。它也是城市综合建设开发这类城市建设大型工程项目实现投资回收或自负盈亏的关键所在。从具体项目类型上来看，主要包括各类商业设施（农贸市场、购物中心等）、商品住宅、写字楼等。

以上四类项目由于在具体项目的功能、项目生命周期、项目现金流和项目价值方面不尽相同，特别是在城市综合开发项目这样的城市建设大型工程项目中，如何对不同类型的项目进行科学配置和决策，通过项目决策阶段的预评价研究，使得项目全面集成达到更好地实现项目目标、提升项目的整体价值和助力当地经济社会发展，已经成为目前亟待解决的问题。

正是由于城市综合开发项目的这种复杂性，造成了对其进行科学决策的困难，因为每种项目都在项目属性、项目目标、项目周期等各方面“各具特色”，因此要想实现对其进行“统一决策”就必须找到这些项目的共同点和交叉点，以便使之形成一个整体来进行管理。

从以上定义不难看出，目前所开展的城市综合开发项目正是这样一种服务于城市（区域）战略发展目标，包含多种项目类型，具有较强复杂性和不确定性的一组相互联系的项目。它的功能的发挥取决于所含项目整体功能的实现，但同时其中任一组成部分的功能缺失都将影响整体目标的实现。这也就决定了在进行管理和决策时，不仅要对每个单体项目进行考虑，还要考虑到各单体项目间的关系和整体的开发效果和影响。在此基础上，对这种城市综合开发项目应当着力于考察项目之间在目标、功能、过程、要素等各方面的关联和配置关系，以及项目整体所处环境、影响等问题，这也就成了本书的研究基本理念和出发点。

3.1.2 城市综合开发项目的全周期和管理基本过程

城市综合开发项目一般持续周期较长，并且由于内外部环境涉及因素众多，带来了很强的不确定性，而这种不确定性正是开展预评价的动因所在。因此作为开展城市综合开发项目评估研究和项目管理工作实施的一个重要维度，本书参考目前项目实施中建设时序和开发时序的相关内容和现有的文献资料，对目前的城市综合开发项目全周期和基本管理过程进行了总结，并且将该成果作为评估内容重要组成部分，从时间维度上确保了课题研究成果的科学性和适用性。参考目前实施的纯基础设施项目等城市综合开发项目的情况，其项目全周期和项目管理工作开展情况如图 3－2 所示。

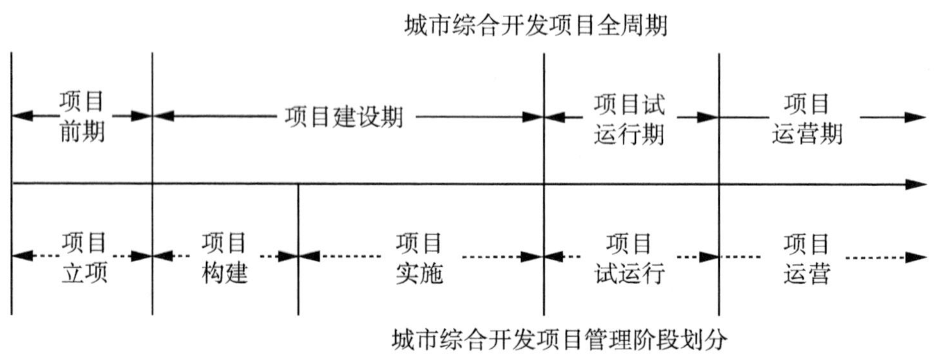

图 3－2　城市综合开发项目全周期及管理阶段划分示意图

根据目前实施的城市综合开发项目的情况和城市综合开发项目全周期理论，本书将城市综合开发项目划分为城市综合开发项目立项阶段、城市综合开发项目构建阶段、城市综合开发项目实施阶段、城市综合开发项目试运行阶段和城市综合开发项目运营阶段。虽然就项目预评价本身来说，其主要工作是在城市综合开发项目立项阶段进行，但是评估客体却应该放眼于城市综合开发项目的整个全周期，因为在城市综合开发项目的各个阶段，都会有处于不同阶段的不同的单体项目，并且会受到内外部因素的综合影响而产生很多的不确定性。由于城市综合开发项目中的各个单体项目对于城市综合开发项目目标的实现都有不可替代的作用，如果未能提前在决策时进行分析，就很有可能不仅导致单体项目的失败，更重要的是会引起整个项目的失败。特别是对于城市综合开发项目的实施阶段，由于这一阶段的持续时间往往较长，并且由于各种具有不同功能目标的单体项目在时间上的重叠和技术上的相异性，加之项目涉及的内外部要素多样且复杂，因此在进行城市综合开发项目预评价时要充分考虑这一阶段设计的各种因素，进行综合性和全面性的评估，以避免由于对该阶段影响因素的遗漏和疏忽，影响整个项目的评估结果和可靠性。而对于城市综合开发项目的试运行和运营两个阶段来说，其主要任务已经从工程建设转向对工程实施效果的检验和城市综合开发项目的整体运营，也就是各个单体项目的建设在这一阶段都已结束，要对城市综合开发项目整体功能的发挥情况进行考察，并且进行项目后评价。

从时间角度来看，目前实施的城市综合开发项目的整个全周期可以被分为城市综合开发项目前期、城市综合开发项目建设期、城市综合开发项目试运行期和城市综合开发项目运营期。但从项目管理的角度看，以上的四个阶段又分别对应着不同的项目管理阶段，其中城市综合开发项目前期主要是涉及项目立项的相关工作，而城市综合开发项目建设期则包括了城市综合开发项目的构建和城市综合开发项目的实施两个阶段，当项目进入试运行阶段，那与之相对应的就是项目工程建设收尾阶段的工作，在完成了对城市综合开发项目的试运行和相关技术指标的检测后，城市综合开发项目就将进入正式的运营阶段直至运营期结束，以上阶段也就成为城市综合开发项目预评价的“全过程”要素，其各阶段的主要内容及特点如下。

1）城市综合开发项目立项阶段

一般来说，城市综合开发项目立项阶段的任务是从战略角度出发，明确城市综合开发项目的目标与范围预期收益和风险等，从内外部环境等论证城市综合开发项目的可行性。准确地定义城市综合开发项目目标，可确定为满足业主需求而应完成的工作及范围；可行性分析可使城市综合开发项目的实施条件具体化。在立项阶段的主要项目活动包括可行性研究设计和可行性研究的审查及批复，但是就项目活动开展时间来看，由于各个单体项目所涉及的专业、工艺和技术不同，因此在进度上并不统一。在这一阶段，由于涉及的项目活动和资源较少，因此对这一阶段构成影响的因素主要来源于运行环境，特别是政策、法律环境的现行状况，这直接与项目是否能够通过审批相联系。

2）城市综合开发项目构建阶段

根据城市综合开发项目全周期的相关研究结果来看，城市综合开发项目构建阶段的主要内容包括确定城市综合开发项目的详细范围、实施各项目设计的方案、编制城市综合开发项目的总体规划等。按照这样的界定，城市综合开发项目构建阶段的主要项目活动为：建设方案设计、施工图设计、建设准备等。与城市综合开发项目立项阶段相类似，由于涉及的专业和部门不同，各单体项目在这一阶段的项目活动虽然相同，但是在进度上却有先后之分。由于该阶段的工作核心是完成各单体工程和设备的设计工作，因此所受的影响因素主要来自技术和运行环境，技术方面关注于如何按照相关技术标准进行设备的设计并且满足可行性的要求，而运行环境的影响则是指来自于与项目相关的政策和法规，在设计时必须考虑相关规定对项目的制约情况，并且在评价体系中予以考虑。

3）**城市综合开发项目实施阶段**

城市综合开发项目实施阶段的目的是确保城市综合开发项目按照设计文件以及合同文件的要求进行项目的实施工作，以实现项目既定的可交付物。一般来说，在实施的准备阶段主要包括城市综合开发项目建设原材料实施采购、制订城市综合开发项目建设计划、准备城市综合开发项目建设实施条件等工作，而在正式的城市综合开发项目建设过程中，则要注意进行合理的项目资源配置和管理，以及定期的检查和控制工作。根据城市综合开发项目目前的实施情况来看，在城市综合开发项目实施阶段涉及的主要项目活动包括：土建施工、基础设施建设、配套工程建设等。在时间跨度上，由于各个单体项目在施工技术和难度上不同，因此应以所有单体项目结束的时点为实施阶段的终点，其中会包括很多的并行工程和串行工程。但作为一个整体来说，应该充分利用其中的弹性时间，开展其他城市综合开发项目的工作，避免造成人员和时间的浪费，提高企业的整体运营效率。

4）**城市综合开发项目试运行阶段**

作为城市综合开发项目建设和运营的过渡和衔接阶段，城市综合开发项目试运行阶段的主要任务是检查完成的城市综合开发项目实体是否实现原先的设计标准，全面检查城市综合开发项目的质量、工期和费用等目标的完成情况。城市综合开发项目在这一阶段的主要项目活动涉及基础设施试运行、验收及移交，这些活动的核心也就是检验城市综合开发项目中各单体项目的运行情况和城市综合开发项目整体的运行情况和效果，这就要求在验收时必须注意单体项目之间在功能之间的匹配性和接口的运行良好，只有在确保了项目各方面都运转良好的情况下，才能进行项目的完整移交。

5）**城市综合开发项目运营阶段**

在完成了试运行阶段对各单体项目和城市综合开发项目整体运行的检测和移

交之后，整个城市综合开发项目就将投入正式的运营阶段，发挥其应有的项目功能。由于城市综合开发项目在运营过程中不可避免地会受到外部环境的影响，遇到各种不确定性，特别是在投资回收、设施维护、物业维护、政策变动等方面都将是项目评估中应当重点关注的内容。

3.2 城市综合开发项目预评价的研究范围

项目预评价的目的是为项目前期决策提供科学和可靠的依据，通过项目评估工作给出不同项目阶段所需的项目决策方案和支持信息。由于城市综合开发项目是由单体项目以不同形式组合而成，因此对于管理和决策来说，其具有更强的复杂性，这就要求项目评估工作需要更加系统化和集成化。

从项目评估学的角度出发，一般人们将项目全周期分为三个主要阶段，即项目定义与决策阶段（从项目建议书或项目提案到项目实施之前的阶段）、项目的实施阶段（从项目设计和计划到项目完工的阶段）、项目的运行阶段（从项目完工后到项目废弃或清除完毕阶段），而这三个阶段分别对应着项目预评价、项目跟踪评估和项目后评估。

一般来说，项目预评价就是指在项目概念提出后和决策前的阶段，从多个方面对项目的必要性、可行性和影响进行的全面评估工作。项目预评价是为选择和确定一个项目或项目方案所开展的项目评估工作，它的内容涉及在项目决策之前对项目各方面可行性所进行的单项分析与综合评价。这种项目评估的根本目的是努力去减少甚至避免盲目与错误的项目起始的决策，所以项目预评价是各种项目评估中首要的项目评估工作，是项目起始决策的支持工作。

笔者认为，预评价的评价对象主要是项目在“前期工作”之前的部分（具体阶段如图 3－3 所示），即进行投资决策之前的各项工作；预评价结果作为项目决策可行性的依据；评估内容是根据基本的规划情况开展评价，包括对于项目基本资金情况的测算、筹融资渠道的情况、政策的分析和政策支持程度等。

项目预评价	决策	实施	使用
内部策划			

图 3－3　项目预评价示意图

相比较项目评估来说，城市综合开发项目的预评价在评估的作用和主体方面和项目预评价基本一致，但是在评估的客体和评估内容上却有一些差异。城市综合开发项目预评价的客体是城市综合开发项目，即一些在战略上服务于同一目标的单体项目，它们在功能、技术和投资方面有所不同，并且其间也会有一些内在的诸如功能和技术方面的相关性，因此在评估中应该以更加全面和综合的视角来考察其整体的可行性和必要性。而在评估内容方面，不仅要对各单体项目的经济、技术、环境等内容进行评估，还要对城市综合开发项目的综合情况进行评估，这样的综合评估不仅要在结构上综合各单体项目的评估结果，还要对各专项评估的结果进行综合。

同时预评价与后评价以及中间评价在时间点位有着显著区别。项目后评价一般是指项目投资完成后所进行的评价。通过对项目实施过程、结果及其影响进行调查研究和全面系统回顾，与项目决策时确定的目标以及技术、经济、环境、社会指标进行对比，找出差别和变化，分析原因，总结经验，汲取教训，得到启示，提出对策建议，根据信息反馈，改善投资管理和决策，达到提高投资效益的目的。按照时间点划分，项目后评价又可分为项目事后评价和项目中间评价。项目事后评价是指对已完工项目进行全面系统的评价；项目中间评价是指从项目开工到竣工前的阶段性评价。预评价与二者的不同之处在于评价的时间点不同，预评价是在项目启动之前的评估，而过程（中间）评估与后评估是指对已完成工作的评估。同时预评价所涵盖的评估内容较过程评估与后评估的评估内容更为广泛。

结合以上对城市综合开发项目预评价工作的分析，可以看出其具有预测性、系统性、科学性和实践性等特点，但就现有的项目来说还具有其独特性，特别是对于城市综合开发项目，其复杂性和项目的多样性都要远远大于一般建设项目。

为了实现对城市综合开发项目的全面和科学的评估，本书认为该城市综合开发项目的评估内容应该包括如图 3－4 所示的“全过程”“全要素”和“全项目”三个维度的内容，其中“全过程”是指时间维度的城市综合开发项目特点，“全要素”是指从属性维度来概括评估的内容，而“全项目”则是从结构维度来解构项目，并且通过这样的三个维度分析为依据来构建相关的预评价指标体系。

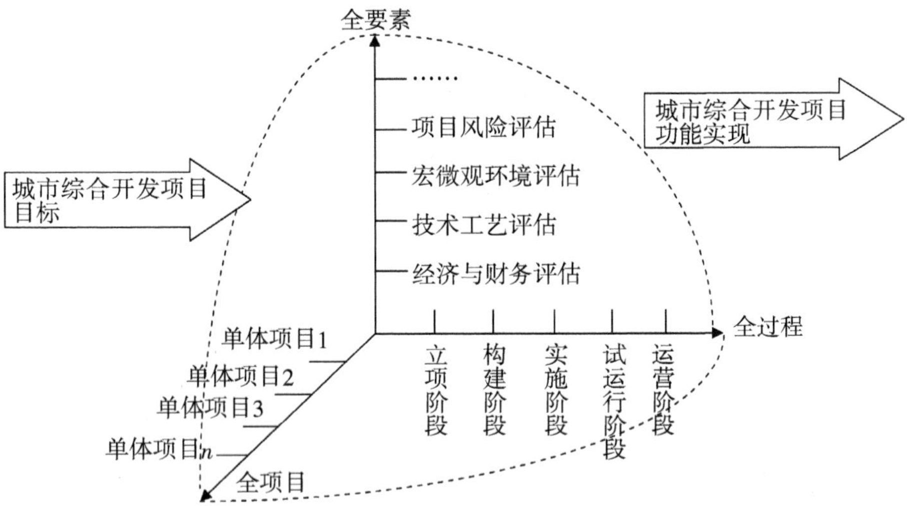

图3－4　城市综合开发项目预评价内容结构示意图

（1）体现“全过程”的预评价。这主要是指评估要对城市综合开发项目的全过程的各个阶段都要加以考虑，其中包括城市综合开发项目的立项阶段、构建阶段、实施阶段、试运行阶段和运营阶段，其中每个阶段都会有专属项目特点和重点，因此在评估时应当全面考虑该过程中的各种条件和所涉及的影响因素。

（2）体现“全要素”的预评价。由于城市综合开发项目在内容和结构上都较单一项目要更为复杂，因此城市综合开发项目的评估要想实现全面和科学，就必须全方位考虑各种项目因素，例如城市综合开发项目的经济性、技术可靠性和先进性、可能面对的风险和内外环境中的各种影响因素。因此应当对项目进行经济评估、技术评估、环境评估和项目风险评估。

（3）体现“全项目”的预评价。这是指按照功能的不同，对城市综合开发项目划分后，要将所有的单体项目都纳为评估对象，展开全面集成的评估，以便为项目决策提供综合性的评估结果。

除了以上提到的“全项目”“全过程”和“全要素”的评估外，还应当在评估中注意结合项目的目标和项目的整体功能进行评估。与此同时，对于城市综合开发项目的管理组织以及项目对主体战略发展贡献程度也应当作为评估的内容。

3.3　城市综合开发项目预评价的原理及理论体系

项目评估理论从诞生之日起已经历了三个发展阶段，评估内容也从注重项目本身内部评价到关注外部效益再到以满足人的基本需求为核心。但项目评估的基本内容始终都是从客观的角度去评价、估计和比较项目决策中的各个备选方案的可行性、有效性和优劣性，这就要求从不同的角度和项目可能发生的各种情况出发，对项目设计或变更的备选方案进行是否可行的分析和经济与技术效益方面的仔细评价，从而给出项目决策中各种项目备选方案的可行性和优先序列，以便作为项目决策者的决策支持信息和建议，从而使得项目的决策更为科学。以下是笔者对城市综合开发项目预评价的一些基本内容的界定。

3.3.1 城市综合开发项目预评价的关键要点

该类项目预评价最重要的特性是这种项目评估发生在项目起始决策之前，这是所有项目评估中非常重要的项目评估工作。因为一旦这种项目评估出现问题或错误，那么项目启动后就会给全体项目相关利益主体造成不必要的损失。

1）该类项目预评价的构建要素

广义地说，项目预评价是指在项目起始决策的阶段，人们从整个项目发展与变化的全局出发，根据国家和组织的需要对项目及其备选方案所进行的评估工作，从而辨别项目及其备选方案的可行与否和优劣如何，最终用于支持做出项目或项目方案的取舍决策。从评估主体来看，本书的研究成果应是服务于项目业主的项目预评价体系，这种评估体系主要是指在项目的起始决策之前，对项目的必要性和项目的可行性，以及项目备选方案的技术、经济、运行条件和社会与环境影响等方面所进行的全面评估工作。而其评估内容主要包括：组织发展战略和目标的评估、问题或机遇的项目机会评估、项目必要性的评估、项目可行性的评估、项目备选方案的比较评估等。

2）该类项目预评价的构建原则

项目预评价是在项目起始决策之前所开展的项目评估工作，它属于事前的项目评估工作范畴，所以这种事前的项目评估具有自己很鲜明的特性，这主要包括如下几个方面。

（1）预测性。项目预评价在项目起始决策之前进行，所以它所使用的项目数据资料主要有两类：一是与项目相关的各种历史项目的数据资料，但是因为没有任何两个项目是完全相同的，所以这种项目数据资料只具有参考性。二是与项目相关的各种预测数据，然而由于这些预测数据都是人们对于未来的一种预计和估计，所以这种项目数据资料的可靠性也是十分有限的。因为这种项目评估的是尚未开始实施的项目，所以人们要预见未来并根据这些历史项目和本项目的预测数据去分析与评估项目的必要性和可行性，这包括项目所处的经济、技术、市场、运行条件、自然和社会环境等诸多方面的预测和分析，以及项目自身各方面的发展和变化预测分析等，结果导致“预测性”就成了项目预评价的一个十分重要的特性，这种特性决定了项目预评价本身的诸多其他特性。

（2）系统性。由于项目预评价涉及对项目和项目备选方案的全面评估，所以它还具有系统性这一重要特征。例如，项目预评价涉及对于项目目标、项目约束条件、项目产出物、项目工作、项目备选方案是多方面的评估，所以项目预评价就必须从全局和系统的角度去进行全面的评估。同时，项目预评价需要考虑的因素涉及项目及其环境所构成系统的各种要素以及各要素之间的相互关系，项目环境中所包含的技术、经济、政治、法律、自然、社会、市场、运营支持等系统必须都进行评估。其中，特别需要强调的是项目微观目标和经济效益与项目宏观目标和社会效益的统一，即项目预评价必须从企业和国民经济整体利益两个角度出发去分析和评估不同项目备选方案的成本效益和项目的可行性。

（3）科学性。项目预评价所具有的上述预测性和系统性都要求项目预评价必须具有很高的科学性。虽然项目预评价所使用的数据是历史性和预测性的数据，但这要求项目预评价必须采用科学的评估方法和评估过程去保证评估结果的科学性和有效性。同时，项目预评价的科学性也是项目预评价必须确保的一个重要特性，因为只有科学严谨的项目预评价才能保障这种项目预评价不至于流于形式，以避免经验主义和主观臆断的误导而造成项目起始决策方面的重大失误。项目预评价的科学性不但体现在使用科学的方法和按照科学的程序，还体现在这种项目评估工作必须遵守现行的相关国家法律、法规和标准与规范的要求等。

（4）实践性。项目预评价的原理和方法都是来源于实践和为项目起始决策服务的，所以项目预评价还具有实践性的特征。项目预评价的实践性主要包括：其一是人们评估的项目或项目方案必须来自于人们为解决生产、生活及经济发展的实际需求，而不能是人们为了个人或某些人的利益去设计出不必要的项目或项目方案；其二是人们评估的项目和项目备选方案必须符合项目所处的生产、技术、自然和经济运行的条件，而不能去任意编造或杜撰各种不真实和不存在的情况；其三是人们在项目预评价中所使用的数据资料必须符合客观实际情况，而不能凭自己的主观判断和异想天开去做项目预评价；其四是项目预评价所使用的各种参数必须来源于人们的实践，而不能依赖纯粹的理论探讨或主观假设；其五是项目预评价的原理和方法必须要符合客观要求和体现实事求是，而不能自作主张或使用未经验证的技术方法。实际上最为重要的是，项目预评价的最终结果要能够经得起长时间的实践检验，能够通过项目后评估进行验证。

3.3.2 项目预评价的构建原则

开展城市综合开发项目预评价不但必须遵循客观公正、成本效益与比较择优、系统性和规范化等项目评估的一般原则，还必须遵守项目预评价本身所固有的特征原则，两类原则兼顾，才能达到真正地为社会经济发展服务的主旨，这方面的原则主要包括如下几个。

1）**遵纪守法的原则**

开展项目预评价必须严格遵照国家法律法规和必须符合国家的各种要求和规定，遵纪守法是开展项目预评价的首要原则。同时，开展项目预评价还应该符合党和国家制定的国民经济和社会发展规划及经济建设方针政策，严格遵守国家有关经济工作的各项规章制度和各种技术经济参数等。例如，国家计委和建设部颁发的《建设项目经济评价方法和参数》就有这样的相关规定，另外还有很多相关的国家规定和要求。

2）**实事求是的原则**

开展项目预评价还必须坚持实事求是的原则，即实事求是地收集和预测数据，实事求是地分析和评估项目，实事求是地论证项目的必要性和可行性等等。实际上所谓的实事求是原则就是要求人们按照实际数据去寻找客观规律的原则，如当项目采用全新工艺技术时，人们就需要通过实验或其他手段去证明项目决策所依据的数据真实可靠性，不管是项目的市场、原材料、能源，还是人力资源供应等方面评估都必须符合这一原则。

3）**可比性的原则**

在项目预评价中有关项目成本和收益、项目优势和劣势、项目风险损失和风险收益等各方面的计算口径要保持一致，并且能够进行前后对比和相互对比。针对不同的项目和项目备选方案所使用的各种成本、收益和价格等数据和参数等都要保持一致，从而实现项目预评价具有可比的特性，进而确保项目预评价工作的科学性。另外，在项目预评价各项工作中还要注意采取必要的数据处理措施以保障项目预评价的数据和结果与项目后评估的数据和结果具有可比性，如项目成本和收益的不变价处理等。

4）**动态分析为主的原则**

在项目预评价所使用的方法中有动态分析和静态分析两种不同的方法，其中项目预评价的静态分析方法不考虑项目投资和收益的时间价值，而项目预评价的动态分析方法则必须要计算资金的时间价值，所以项目预评价的动态分析方法相对比较科学和精确，因此项目预评价要求坚持以动态分析方法和动态分析结果为主的原则，在项目预评价的某个阶段或某些工作中则需要采用一些静态分析的指标和方法作为辅助。

5）公正可靠的原则

在项目预评价中必须坚持的还有一条原则，就是公正和可靠原则。其中，“公正”原则是指对于任何项目的预评价都要站在公正的立场上（有人称为“独立第三者”的立场）去开展评估；而“可靠”原则是指项目预评价的结果和质量都必须能够经得起人们和历史的检验。因此在项目预评价的市场需求预测数据、工程技术方案、项目投资估算、项目实施进度测算等方面的数据必须可靠，项目预评价所使用的动态和静态的评估方法必须可靠，最终保障项目预评价能够达到可靠性的要求。

3.3.3　项目预评价应涵盖的基本内容

项目预评价的根本任务是对项目的必要性和可行性进行分析研究和评估。这就要求项目预评价要对项目的经济、技术、运行条件和环境影响等方面进行全面的分析和研究，因此项目预评价必需的主要内容包括以下几方面。

1）组织发展战略评估

项目是为组织发展战略服务的，是为实现组织的发展战略而采取的具体手段，因此项目预评价要从整体上评估组织的发展战略本身的科学性。这一分析要能明确组织的发展战略与组织的使命、远景、宗旨和目标的一致性，同时要评估组织发展战略是否能够使组织得到发展。

2）项目的机遇研究

项目是为实现组织目标服务的，但项目只有在适当环境条件和有利机遇下才能够开展。因此项目预评价的第二项内容是研究项目的机遇情况，即项目上马的各种社会、经济、市场、技术等条件是否具备和是否有利，这是项目预评价的一项重要内容和一个重要阶段。

3）项目的必要性研究

在研究了组织的发展战略和项目机遇后还必须对项目必要性进行深入的研究和评估。这主要是分析项目是否能为实现既定的战略目标服务，要实现战略目标是否一定要开展该项目，是否有替代的解决方案等等。这方面研究是决定项目是否进一步展开的前提条件。

4）项目可行性研究

在确认项目十分必要后，还必须对项目的可行性进行深入的研究。这包括对项目各个方面的可行性研究和项目总体可行性两个方面的研究。其中，专项可行性研究包括：技术可行性（项目技术的适用性和先进性）、经济可行性（项目的成本与效益）、运行可行性（主要分析运行条件是否可行）和社会影响（着重分析项目对社会各方面带来的影响）。

5）**项目备选方案的比较研究**

在确认项目可行以后，还需要对项目各个备选方案进行必要的比较研究，从而找出相对最优的项目方案和可行的各种项目方案以供项目决策者选择。项目备选方案的比较研究是项目预评价中的一项重要内容，即使当一个项目只有“上马”和“不上马”两个最基本的备选方案时，也要认真去比较和研究这两个方案的优劣，以便为项目决策提供支持。

3.4 本章小结

本章通过对项目管理基本理论及建设实践研究的深入分析，对城市综合开发项目的研究范围进行了重新界定，提出了此类项目的主要建设内容，根据项目全过程、全要素和全周期的分析，提出了项目的独特性。在项目评估的理论研究中，对项目决策阶段的起始评估进行了重新界定，形成了项目评估理论的精细化划分，结合该评估阶段的特点，构建了城市综合开发项目预评价的基本理论体系。

4 基于可持续发展与城市承载力的城市综合开发项目预评价

城市综合开发项目是一种重要的经济活动，是国家拓展城市承载力，发展经济、创造财富的有效工具。它为人类提供各种生产或生活服务，对经济和社会发展产生巨大的推动作用。但由于科技水平和道德价值观念等限制，它也凸显出许多让人无法忽视的问题。自然资源消耗过度、生态退化严重、承载力下降、环境污染加剧、代际代内分配不公等严重影响着社会的发展和人类生存环境。而本章的研究内容便是要立足于生态文明理念，从可持续发展和城市综合承载力的视角，从整体上系统地把握项目的综合效益和长远利益，把项目的效益和影响统一到社会可持续发展的目标中。以下将结合此类项目的实际情况，从现有的项目可持续发展评价、城市可承载力评价研究中汲取精华，形成在可持续发展及城市承载力视角下的城市综合开发项目预评价理论体系。

4.1 项目可持续发展评估的理论体系

目前，对可持续发展评估的研究大多数集中在宏观和中观领域，如对行业或国家、区域、城市以及企业的可持续发展研究，而对于微观层面的项目可持续发展的评价论证与应用的研究却较少。实际上，只有将宏观、中观层面的可持续发展理论与方法落实到微观领域，才能保障和推动整个社会可持续发展战略目标的实现。以下将从项目可持续发展的内涵、项目可持续发展评估的内容以及方法等几个方面建立本书项目可持续发展评估的基本理论框架。

4.1.1 项目可持续发展的内涵

项目可持续发展的思想来源于社会可持续发展理论，是可持续发展理论指导实践的具体体现，因此应当继承可持续发展的 3 个本质特征：发展度、协调度、持续度。其中发展度是数量维特征，协调度是质量维特征，持续度是时间维特征。任何一个项目都有其存在、服务和影响的特定空间范围，也有一定的使用年限，所以项目的可持续发展主要是在其全周期内、影响区域内的可持续发展。它主要包括两层含义：一是项目自身的可持续性；二是项目对区域可持续发展的影响。目前对建设项目可持续发展内涵的研究主要依据这两层含义展开，不同学者研究的侧重点又有不同。一种观点认为，可持续发展问题是生态、社会和经济制度的集成和相互作用，而对于项目来说，可持续发展实现的是双赢，在为企业获得竞争优势和经济效益的同时，实现环境的改善和促进社会的进步。另一种观点认为项目可持续性是指在项目建设过程中使用各种方法减少对环境的危害，提高物料的再利用率，在有利于社会的同时还能增加公司的利润，这种观点往往被认为是环境导向的，所以力求实现可持续性，就可能会导致长期的环境效益和短期的运营目标相冲突。

目前项目可持续性的概念主要包含以下几方面的内容：第一，从时间阶段上来看主要是强调在项目形成和发挥其服务功能的整个全周期内；第二，强调将可持续发展的基本观点融入项目可持续发展中，即项目接近或达到既满足当代人的需要，又不损害后代人满足需要的能力的标准的程度。而对其内涵的解释主要有两种观点，一种是人为项目可持续性应包括生态环境的相容性、技术的清洁性、经济的合理性和社会的公正性 4 个方面；另一种是把项目的持续性划分为环境功能的持续性、经济增长的持续性、项目效果的持续性和管理机构的持续性，并从影响项目可持续性的因素出发，将其分为内在因素和外部因素。结合以上两种观点，本书认为项目可持续性应该是项目在其全周期内，维持各种效益和影响之间的动态均衡，发展速度和发展质量相互适应，并可以成功地延伸至项目目标的属性。它具体体现为项目环境的相容性、经济效益的合理性、社会影响的和谐性和管理体系的整体性。

4.1.2 城市综合开发项目可持续发展预评价的内涵

项目可持续发展评价的应用模式按照评价的时间来看，可分为项目前期可行性研究阶段和项目后评价阶段。目前建设项目的可持续发展评价主要用于大型基础设施的项目管理工作中，而且许多学者都将目光投向了项目后评价阶段，鲜见对项目前期的可行性研究阶段可持续发展评价的系统阐述和研究成果。由于对建设项目可持续发展内涵和评价作用的认知不同，现阶段对建设项目可持续发展评价的应用模式尚没有一个统一、成熟的看法。通过相关文献，笔者将其应用模式划分为 3 种。

（1）将可持续发展的思想和理论融入现有的项目评价体系中，即改进现有的经济评价、环境影响评价、社会评价以满足项目可持续发展的要求，即改进经济评价模型。这种模式认为传统意义项目评价只强调项目直接经济效益，而没有考虑其他效益尤其是生态环境效益，可持续发展的项目评价应考虑项目的环境经济价值，即将项目造成的环境效益和损失价值纳入项目成本－效益分析模型。而且项目不仅要实现代内公平，同时也要实现代际公平，所以贴现率也应当适当调整，指出其在理论上比现行的社会折现率要低。这类方法都依据可持续发展的思想在现有的评价模型中引入环境成本，考虑环境因素，并试图找到环境成本的估算方法，但都仅限于概念和理论探讨，而实证研究少之又少，缺少实践来证明改进评价模型的有效性。

（2）在项目完成经济评价、环境影响评价、社会评价之后还应进行可持续发展影响评价。这类模式认为在社会评价和综合评价的基础上尽快建立可持续发展评价体系，并赋予“可持续发展评价”一票否决权。他们都对可持续发展的应用模式做了初探，但都显得较为空洞，没有实质性进展。大多数是根据设计的指标体系，依据一定的综合评价方法进行综合评价，并没有具体的实例论证指标体系和有效的评价方法，所以尽快建立可操作性强和易于评价的指标体系及评价标准是顺利推行可持续发展评价的关键。

（3）综合现行的经济评价、环境影响评价、社会评价使其一体化为可持续发展评价。持这种观点的研究者认为可持续发展影响评价实质上是环境、经济、社会复合系统的一种保障体系，具有战略性、综合性和系统性。建议改进现行的环境影响评价、经济评价、社会评价制度，使它们综合为可持续发展影响评价。它虽然突出了项目各要素之间的协调性和综合性，但对项目经济、环境、社会单方面因素的影响则不能体现。目前，国外已有研究者通过测量项目整体的可持续发展能力（SDA）来评估建设项目对可持续发展的贡献。

现有的对建设项目可持续发展评价应用模式的探讨或与现有单一评价的有机结合，或对各个指标的统一综合大都没有全面阐释建设项目可持续发展的内涵。而建设项目的可持续发展评价不仅应能体现项目自身的可持续性，还应体现项目对影响区域可持续发展的影响，不仅要有项目微观层次的单个指标，也要有宏观整体的综合指标。因此，应将可持续发展评价全面、系统地引入到项目评价体系中。即在经济评价、环境影响评价、社会评价中融入可持续发展的理论与方法，分别考察在可持续发展战略下经济、环境、社会单一系统的可行性，然后再进行可持续发展综合评价。具体地说，在经济评价模型中考虑环境成本，在环境影响评价中引入环境承载力理论、生态足迹原理，在社会评价中融入代际公平理论等，而在可持续发展综合评价中主要从宏观长远角度设计项目持续度、协调度和发展度指标，进行综合评价。

4.1.3 城市综合开发项目可持续发展的指标体系分析

建设项目可持续发展评价主要运用环境经济学和社会统计学方法来构造评价体系。世界可持续发展工商委员会（WBCSD）、全球报告倡议组织（GRI）和经济合作与发展组织（OECD）都是可持续发展评价指标法的提倡者，这个方法是由相关专家根据研究内容制定和筛选出评价框架和评价指标。在选择可持续发展指标时，主要方法有两种：一是“自上而下”方法，主要是专家制定框架并选出可持续性指标。二是“自下而上”方法，不同利益相关者在参与框架设计和可持续性指标选择过程中，通过查阅国内外相关文献，从而制定出可持续发展指标。目前世界各国学者已经制定出了一些可持续发展指标体系，如生态需求指标（ER）、人类活动强度指标（HAZ）、人文发展指数（HDI）、持续发展经济福利模型等。这些指标体系大体可分为三大类型：第一类称为综合性指标；第二类称为层次结构的指标体系；第三类称为多维矩阵结构的指标体系。

（1）综合性的可持续发展指标。如皮尔斯（Pearce）提出的绿色核算，认为传统的NNP（国民生产净值）只反映了人造资本的折旧，而没有考虑自然资本的消耗和退化，因而必须对其加以修正，用绿色NNP来代表持续收入。综合性指标的特点是具有直观、简单和概括性，比较适合于宏观层次如以国家为单位的研究和比较，但是无法反映可持续发展的复杂内容，也不符合基于项目层次的实践要求。

（2）层次结构的可持续发展指标体系。它是基于社会统计学方法的指标体系。社会统计学方法是在现有的社会经济统计系统基础上进行整体和综合分析并设计出指标体系，再通过多指标综合评价方法得出综合指数，用以对评价对象进行综合评价。这种方法虽很受学者们的青睐，但目前尚没有形成一套完整的理论和可操作性强、适于推广的评价指标体系。

从目前的研究成果来看，国内学者主要是从以下两个方面来进行项目可持续发展指标体系的设计：

一是从影响项目可持续发展的因素考虑。从项目的整个全周期着手考虑影响项目可持续性的因素，即项目6个方面的情况：资源利用情况、经济效益、可改造性、可维护性、科技进步情况和环境状况。

二是从影响区域的可持续发展考虑。这种思路是分别从社会、环境、经济、科技等方面对项目影响区域的效果来构建项目可持续发展的后评价指标体系，并且进一步将这些内容综合为发展水平指标、发展能力指标、发展协调度指标。

（3）多维矩阵结构的可持续发展指标体系。这是近年来提出的一种建立可持续发展指标体系的新思路，属于这类研究的最初成果是由加拿大政府提出的，后由经济合作与发展组织（OECD）和联合国环境规划署（UNEP）发展起来的压力（pressure）－状态（state）－响应（response）概念模型（PSR）。PSR 概念模型中使用了原因—效应—响应这一思维逻辑来构造指标，主要目的是回答发生了什么、为什么发生、将如何做这三个问题。随后联合国可持续发展委员会（CSD）对此加以扩充，提出了驱使力（driving-force）－状态（state）－响应（response）概念模型（DSR）。我国有学者提出了地区社会发展水平评价方案，也是一种矩阵结构形式，该评价方案选取了社会发展的 10 个领域。

4.2 项目的城市综合承载力评估的理论体系

承载力最初是力学中的概念，后被引用到种群生态学研究中，表示某一生物区系内各种资源（光、热、水、植物、被捕食者）能维持某一生物种群的最大数量。承载力的研究由来已久，1842 年英国学者马尔萨斯（Malthus）著名的《人口原理》就已经基本体现了人口承载力的概念基础。承载力可用量化模型加以描述，很快就被用于人口学、资源学、环境科学等领域，成为对其进行定量评价的重要指标，如区域的资源承载力、环境承载力、人口承载力等的评价。

20 世纪 80 年代初，联合国教科文组织（UNESCO）提出了“资源承载力”的概念，即“一个国家或地区的资源承载力是指在可以预见到的期间内，利用本地能源及其自然资源和智力、技术等条件，在保证符合其社会文化准则的物质生活水平条件下，该国家或地区能持续供养的人口数量”。此后，可持续发展的理念逐步被引入到承载力的概念中。概括而言，承载力是一个与资源禀赋、技术手段、社会选择和价值观念等密切相关的、具有相对极限内涵的伦理特征的概念，它本质上是不固定的、非静态的和非单一关系。

国内明确提出城市综合承载能力概念的是 2005 年 1 月建设部下发的《关于加强城市总体规划修编和审批工作的通知》。之后，在借鉴和引入国外一些先进研究成果的情况下，国内也开展了这方面的研究，其中研究成果主要集中在城市容量、城市规模、城市生态系统承载力、城市交通承载力以及城市水资源承载力等方面。“十二五”以来，随着国家对自然灾害事故的科学处理能力日益加强，对资源环境问题的日益重视，国家逐步加强了对资源环境承载力的研究和实践部署。十八届三中全会印发的《中共中央关于全面深化改革若干重大问题的决定》中明确提出要建立资源环境承载力监测预警机制，对水土资源、环境容量和海洋资源超载区域实行限制性措施。2013 年底召开的中央城镇化工作会议强调要根据资源环境承载能力优化城镇化布局。2014 年 3 月，习近平总书记在中央财经领导小组第 5 次会议上明确指出要抓紧对全国各县进行资源环境承载能力评价，抓紧建立资源环境承载能力监测预警机制。环境保护部在 2014 年重大改革任务部署中提出了要开展以县级行政区为单位的资源环境承载力评价体系和技术方法。2014 年 4 月，国家发改委部署启动了“资源环境承载能力监测预警指标体系和技术方法”研究项目研究，并于 2016 年 9 月正式发布。2015 年、2016 年来，水利部、国土部、国家海洋局等加快推动了国土资源环境承载力评价与监测预警机制、水资源承载能力监测预警机制试点、海洋资源环境承载能力监测预警评估方法等专项领域的研究和试点部署。

2012 年党的十八大作出“大力推进生态文明建设”的战略部署，国家主体功能区规划战略作为生态文明建设重要部分，明确提出要以资源环境承载能力为基础，优化国土空间开发格局和加强城市可持续发展的战略部署。把资源环境承载力作为检验主体功能区划实施成效、检验城市可持续发展能力的重要标准，这充分说明城市承载力将成为城市或者更大区域调整城市功能布局、选择经济社会发展模式的重要依据，是生态文明制度建设的重要内容。

4.2.1 城市综合承载力的内涵及发展

城市综合承载力的概念被提出后，越来越多的国内外学者将承载力概念应用到城市系统中。不过，目前国内外城市综合承载能力概念尚无统一认识，其内涵的界定尚存在一定的分歧和不足，其理论体系的构筑尚存在诸多不完善之处。作为本书研究的理论基础，以下将就城市综合承载力的发展、概念和内涵等相关内容进行阐述。

城市综合承载力发展大致可以分为三个阶段，如图 4 - 1 所示。

第一阶段主要是指生态承载力，此时承载力的概念主要是理论种群生态学中的一个概念，表示某一生物区系内各种资源能维持某一生物种群的最大数量。

由于这一概念在理论上能用某种量化模型加以描述，因此很快就被应用到了其他学科，概念外延也得到进一步的拓展，进入了研究的第二阶段——分要素承载力的阶段。这一阶段主要是出现了资源承载力、环境承载力、人口承载力等专门的承载力研究。其中资源承载力的研究和应用得到国内外学者的认可和重视，联合国教科文组织进一步提出了土地资源承载力、水资源承载力、森林资源承载力以及矿产资源承载力等概念，并对这些承载力进行了较为系统的研究。由于从生态学引进的承载力概念具有较强的应用性，从整体上看，资源承载力的研究在

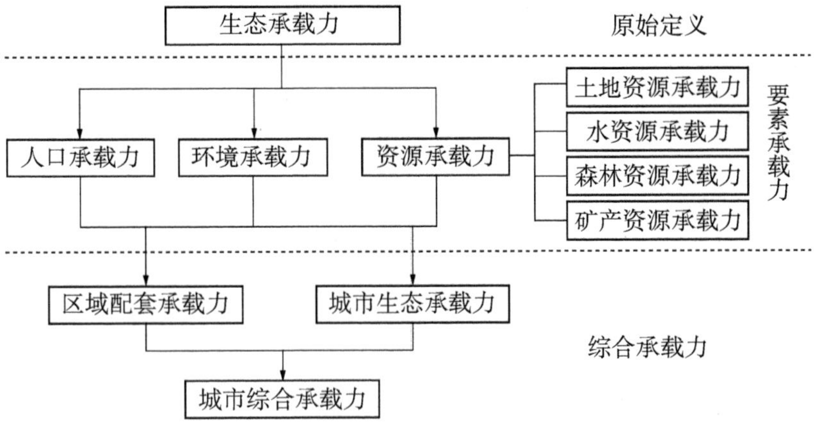

图4－1　城市综合承载力理论演进示意图

国内外均得到了较为充分的开展。而环境承载力由环境容量概念演化而来。环境承载力概念自20世纪70年代起广泛应用于环境管理与环境规划。1974年，Bishop在《环境管理中的承载力》一书中指出："环境承载力表明在维持一个可以接受的生活水平前提下，一个区域所能永久地承载的人类活动的强烈程度"。D. Schneider强调，环境承载力是"自然或人造环境系统在不会遭到严重退化的前提下，对人口增长的容纳能力"。环境承载力是指在某一时期，某种环境状态下，某一区域环境对人类社会经济活动的支持能力的阈值。他们研究采用多种指标综合的状态空间法提出环境承载力量化模型及指标体系，用环境承载量和环境承载力来综合表征环境承载力的大小。生态承载力概念与环境承载力和资源承载力概念相比，内容更丰富、全面，更接近人类社会系统特点，但也更加复杂而难于表述。就目前的研究来看，生态承载力主要是指生态系统的自我维持、自我调节能力、资源与环境的共荣能力及其可维系的社会经济活动强度和具有一定生活水平的人口数量。生态承载力取决于资源承载力、环境承载力和生态弹性能力，它们分别为基础条件、约束条件和支持条件。

随着针对各种分要素承载力研究的深入，并且由于对区域发展和城市发展研究的需要，人们在分要素承载力研究的基础上提出了区域承载力、城市生态承载力等综合要素承载力的概念，不仅结合了分要素承载力的研究成果，还加入了经济、社会和文化等多方面的内容，大大拓展了承载力的内涵，形成了具有一定完整性和系统性的城市综合承载力的理论体系。目前城市综合承载力的研究涉及了城市资源承载力、城市环境承载力、城市生态承载力、城市安全容量等诸多方面的研究。以北京市为例，北京市委市政府2016年2月发布的《关于全面提升生态文明水平推进国际一流和谐宜居之都建设的实施意见》也明确提出要守红线、设上限、保底线，严格使各类开发活动限制在资源环境承载能力之内；提出要统筹建立全市资源环境监测预警数据库和信息技术平台，研究制定资源环境承载能力监测预警指标体系和技术方法，探索编制资源环境承载能力监测预警报告，定期对全市资源承载能力、环境容量和生态环境质量进行评估。因此，深入研究城市承载力是探索完善全市生态文明制度建设的重要内容，也是减缓城市综合开发区域资源环境矛盾、推动项目所在地资源环境与人口、经济、社会协调可持续发展的重要途径。

4.2.2 城市综合承载力预评价要点分析

城市资源环境承载力是城市综合承载能力的重要内容之一，主要包括资源承载要素和环境承载要素两个方面的内容，资源承载要素主要包括土地、水资源、能源、矿产资源等自然资源要素和经济、人才等社会资源要素；环境承载要素包括水环境、大气环境、固体废弃物、土壤污染等环境要素。本书主要介绍与生态文明体系相关的重点内容，将自然资源要素与生态环境要素作为承载主体的重点研究内容，而将人口、经济、城市建设等作为承载对象的重点研究内容。“资源环境”实质是指社会经济发展依托的自然基础，“承载能力”通常是指一个承载体对承载对象的支撑能力，而“资源环境承载能力”是指作为承载体的自然基础对作为承载对象的人类生产生活活动的支持能力。对资源环境承载力的研究主要是要考察自然基础条件在承载不断变化的人类生产生活活动时，资源环境系统进入不可持续过程时的阈值或阈值区间，即资源环境系统对社会经济发展的上限约束区间，包括环境质量底线、生态红线和资源供应上限等指标，也指为了维系自然基础的可持续过程，能够承载的最大经济规模或人口规模。资源环境承载与人口经济社会发展之间形成“压力—状态—响应”过程，资源环境的数量、质量、结构、空间分布、发展阶段等，是承载能力的决定性因素，是人口、经济社会发展和城市建设能力的重要支撑，同时也对人口经济社会发展的影响做出反应。资源环境承载力是一个动态变化过程，受到人口规模、开发程度、城镇化规模、产业发展、基础设施建设、空间布局、气候和自然条件等多重因素的影响。建立城市综合开发区域的资源环境承载力评价机制，有利于实时掌握当前的资源环境承受能力，制定符合项目所在地区资源环境形势的决策部署和相关政策，找准承载力的制约因素和薄弱环节进行补充强化，避免过度开发，突破资源环境承载力的底线，否则一旦自然环境失去自我恢复的能力，将产生不可逆的后果。

笔者基于对资源环境承载力的认识，进一步提出城市综合承载力的研究范畴。城市综合承载能力已经超越了原来资源环境承载力的概念，应该是一个新的内涵。这个新内涵就是经济社会活动的承载能力，即整个城市能容纳的人口总量、就业总量以及与之匹配的可提供高质量生活配套服务的设施容量等。因此，城市综合承载力是指城市在不产生任何破坏时所能承受的最大负荷，即城市的资源禀赋、生态环境和基础设施对城市人口和经济社会活动的承载能力。主要包括城市的资源禀赋、生态环境、基础设施、就业岗位和公共服务对城市人口及经济社会活动的承载能力。归纳起来，城市综合承载能力主要应该包括资源环境承载力、经济承载力和社会承载力等三大领域，这三大领域是一个有机的结合，而不是简单的相加。其中资源环境承载力是指一个城市的水土资源及大气环境对城市的承载能力；经济承载力是指城市经济发展对就业岗位扩张的能力，以及城市的就业培训对由于产业结构升级所要求的就业队伍技术结构转型的适应能力；社会承载力则是指城市提供全面规范公平的公共服务的能力。城市发展规模如果超过资源环境承载力，则可能导致城市过度拥挤、地下水位下降、自然环境恶化、生态物种减少等严重的自然环境问题，导致城市发展成本大幅度上升。城市发展规模如果超过经济承载力，则意味着城市就业岗位扩张的速度慢于就业人口增长的速度，或者城市就业培训跟不上产业结构升级的需要导致就业的结构性缺失，两者均可能导致城市失业率增长，进而加剧城市贫困与城市犯罪，城市居民生活的痛苦指数增加。城市发展规模如果超过社会承载力，则将导致城市的基础教育、公共医疗、社会保障、公共住宅、公共基础设施建设及公共秩序等诸多方面绝对短缺或者结构性短缺，导致城市贫富差距加大、边缘阶层增加、社会割裂与断层、社会发展矛盾与冲突加剧。可见，城市综合承载能力决定了城市人口、经济、社会和资源环境协调发展的基础性能力，提高城市综合承载能力是构建和谐社会、实现城市可持续发展的重要路径。

4.3 城市综合承载力与可持续发展以及城市综合开发项目间的关系

城市的可持续发展和综合承载力两者的关系已经被广大学者普遍肯定，认为两者相辅相成，在某种意义上是相一致的，两者的概念都是人类面临人口、经济、资源与环境矛盾日益突出的情况下提出的，都强调经济发展与人口、资源、环境之间的关系，解决的核心问题也都是资源与人口、经济发展、环境之间的关系问题。而城市综合开发项目与城市综合承载力和城市的可持续发展也有着密切的联系，三者的关系如图 4－2 所示。

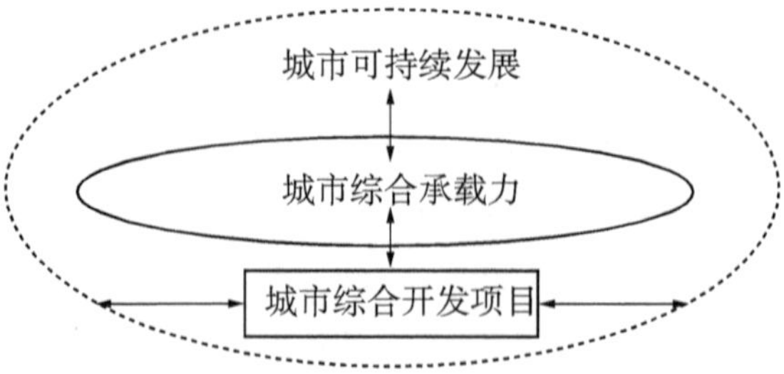

图4－2　城市综合承载力、城市可持续发展与城市综合开发项目关系示意图

1）承载力是可持续性发展的重要判据

承载力的概念是建立在可持续发展理论的基础之上的。承载力反映的是目前人类对资源、环境及生态系统的认识。在一个相对较短的时期内，人类的认识水平和技术水平可以看作一个常量，此时，承载力就具有一定的稳定性，可以作为可持续发展的判据。

2）承载力的不断提高是实现可持续发展的必要条件

可持续发展的关键就是如何正确使用自然资源，资源承受强度在其允许的范围内，即自然资源必须在其承载力范围内。毫无疑问，较高的承载力表明具有较丰富的资源、较大承载空间、较为适宜的人口规模以及较好的经济环境和较好的生态环境。所以，提高整个区域系统承载力，才能使可持续发展成为可能。

3）承载力是区域可持续发展能力的组成部分

可持续发展能力是指系统内部各要素，通过自身的发展及相互间的互动反馈作用，所拥有的支撑可持续发展的整体能力，承载力是可持续发展能力的一个重要组成部分。

4）城市综合开发项目是城市综合承载力提高的重要来源

为了满足城市人口的不断扩展和经济增长和产业发展的需要，城市综合开发项目将成为提高城市综合承载力的重要途径，特别是在社会承载力方面，城市综合开发项目为公众提供更多的基础设施，例如道路、桥梁和公交系统等，并且在环境承载力方面，很多环保设施和治污设施的建设都离不开相关项目的建设。城市综合开发项目与城市综合承载力互动关系如图4－3所示。

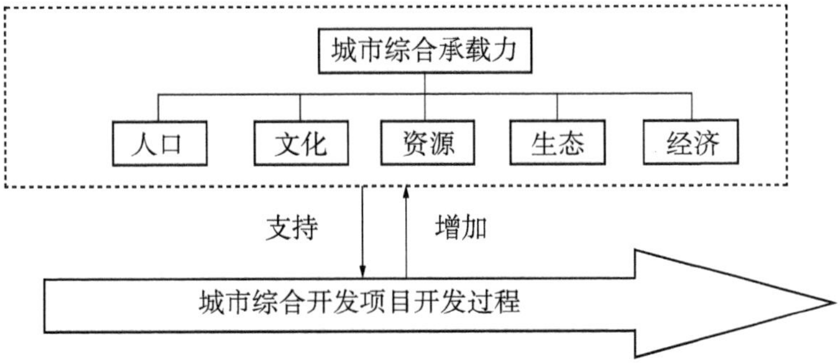

图4－3 城市综合开发项目与城市综合承载力互动关系

5）城市综合承载力是城市综合开发项目的必要支撑条件

城市综合开发项目在建设过程中需要各种资源支持和相关条件的配合，因此必须要有一定的城市综合承载力才能实现项目的建设，特别是对于自然资源，不仅关系到项目建设的实施，同时也是项目运行的保障，而经济环境、社会环境等也会对项目的建设产生重要影响。

6）城市的可持续发展影响城市综合开发项目的决策与定位

城市综合承载力是城市可持续发展的重要组成部分，而城市综合开发项目又是实现承载力增长的重要途径，因此城市综合开发项目在这种情况下会与城市可持续发展有着间接联系，但除了这种间接关系外，作为项目宏观环境的重要组成部分，城市发展状况和战略制定将会对项目的相关决策和项目定位产生深远影响，如果项目不能对城市的可持续发展有所贡献，或是在某一方面阻碍了城市发展，该项目将不能实施。

7）城市综合开发项目服务于城市的可持续发展

在充分考虑了城市可持续发展这一项目宏观影响因素后，获批和实施的项目则一定有益于城市可持续发展，并且会从经济、社会和环境多方面对城市可持续发展产生影响。

4.4 城市综合承载力的评价内容

可持续发展理论是研究城市综合承载力的重要理论基础。城市持续承载应是城市经济发展、社会进步、资源支持和环境保护四者高度和谐、相互协调的过程。因此，城市群生态承载力的评估应包括四个子系统的承载力，即资源承载力、社会承载力、经济承载力和环境承载力。其中资源持续承载是基础，经济持续承载是保障，社会持续承载是目的，环境持续承载是条件。城市综合承载力评估框架如图 4 –4 所示。

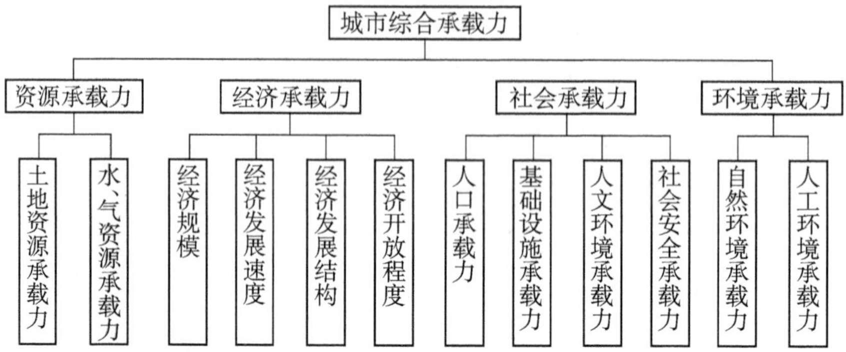

图 4 –4　城市综合承载力评估框架

4. 4. 1　城市资源承载力

城市资源承载力主要是涉及土地资源承载力和水、气资源承载力，以下就这几方面的相关内容进行阐述。

1）土地资源承载力

1949 年美国的 Allan 将土地承载力定义为：在维持一定水平并不引起土地退化的前提下，一个区域能永久地供养人口数量及人类活动水平。20 世纪 70 年代，国外许多学者探讨土地承载力的计算依据为：在确保不会对土地资源造成不可逆的负面影响的前提下，土地的生产潜力能容纳的最大人口数量。目前关于土地承载力的概念并无公认的定义，由于学者所站角度的不同，提出了不同的城市土地资源承载力概念，由此城市土地承载力的内涵范围就不同。本书是在前人对城市土地资源承载力的研究总结的基础上，对城市土地资源承载力进行定义：在一定的时间和区域范围，一定的技术经济条件和生态环境条件下，以可持续发展为原则，区域城市土地资源系统所能承载的人类各种活动规模和强度，包括人口规模、城市建设规模和经济规模、生态环境发展规模等。城市土地资源承载力包括城市土地资源人口承载力、城市土地资源建筑承载力、城市土地资源经济承载力、城市土地资源生态环境承载力，因此这里的城市土地承载力也叫城市土地综合承载力。

城市土地资源承载力涉及承载的双方，也即承载媒介和承载对象。所谓承载媒介，就是指城市土地资源系统用以承受压力所凭借的物质载体；所谓承载对象，就是指城市土地资源系统所承受的压力的来源。简单地讲，就是城市土地资源承载力通过什么样的媒介承载什么样的对象。从“城市土地资源承载力”这一术语来看，承载媒介是城市土地资源，本书的城市土地资源指的是城市建成区用地资源，承载对象是人类活动各种规模和强度，包括人口规模、城市建设规模和经济规模、生态环境发展规模等，即城市人口各种活动规模和强度。

2）城市水资源承载力

城市水资源承载力是将承载能力的概念与水环境领域相关联所形成的理论。国内学者对于水资源承载力定义的研究较为广泛，因此所给出的定义侧重点也都不尽相同，其中汪恕诚、申献辰等人的观点侧重于水体的纳污能力方面，将水资源承载力定义为在一定的水域内，维持水体继续使用的可能，并在生态系统状态良好的情况下，水体所能够容纳污水以及污染物的最大能力；郭怀成、贾振邦、崔凤军等人的观点侧重于对水环境支持能力的探讨，将其定义为在某一地区、某一时间、某种状态条件下，水环境对经济发展以及生活需求的支持能力的大小；廖文根、彭文启等人的观点是从系统功能的调节能力角度出发，将水环境承载力的定义描述为在水环境系统功能能够可持续并正常发挥的前提下，适合接纳污染物的能力，也就是通常人们认为的纳污能力，以及其系统调节能力，也就是所能承受的改变其系统内基本要素的能力；何少苓、彭静、马文敏等人的观点是从承受阈值的角度出发，认为水资源承载力即是某一时期、某种条件和状态下，某地区的水环境所能承受和支持人类全部活动的最大限值。综合学者们对水环境承载力定义的不同理解，将水资源承载力分别从广义和狭义两方面论述。狭义的水环境承载力主要针对的是水体纳污能力，也就是水环境容量，是指在一定的水域，在其水环境能够被持续利用的条件下，通过自身调节净化并仍能够保持良好的生态环境的条件下所能容纳污水及污染物的最大量。而广义上的水环境承载力是针对于描述在一定程度上反映的区域水资源开发利用能力及水环境系统对区域经济社会发展的支持程度。尽管学者们对水资源承载力的定义有所不同，但本质相同，其核心思想都是为保证水资源健康稳定可持续发展提供支持的。

根据国内学者关于水资源承载力的描述，笔者认为城市水资源承载力主要是指某一城市的水资源在某一具体历史发展阶段中，以可预见的技术、经济和社会发展水平为依据，以可持续发展为原则，以维护生态环境良性循环发展为条件，经过合理优化配置，对该城市社会经济发展的最大支撑能力。

3）城市大气环境承载力

城市大气环境承载力（AECC）研究是从地理气象、能源消费、社会生活等众多因素之间的关系入手研究大气环境与人类活动间的关系，从而为人口、社会、经济与环境的协调发展提供科学依据。关于大气环境承载力的概念，目前没有明确的官方或者权威的定义。本研究认为大气环境承载力可以定义为，在规划的空间范围和时间跨度下，通过分析可预见的生产、技术和大气环境管理水平，以大气总量控制和能源系统优化为核心，以保证区域大气环境质量达标和减缓跨界大气环境影响为主要任务，以对区域规划的优化为目的，针对规划各时段的社会经济水平，动态分析区域内大气环境对规划发展规模、产业结构和生产力布局的支撑能力。

4.4.2 城市经济承载力

城市经济承载力主要包括经济规模、经济发展速度、经济发展结构、经济开放程度等内容，具体内容如下：

（1）经济规模。经济规模是城市经济综合实力的一个反映。一般来说，城市的经济规模越大，其抵抗市场变化的能力也越强，经济系统运行的稳定性越高，自然产生的经济效益也就越好。

（2）经济发展速度。为保证经济增长的持续性，经济发展应遵循客观规律，其速度应与资源的支持相适应，不可人为地硬性拔高，否则将欲速则不达，历史上不乏此类失败的教训。面对近些年来经济一直持续高速增长，应综合考虑多方面因素，保持合理的增长速度。

（3）经济发展结构。三次产业的结构以“三二一”模式分布已是城市经济发展结构的普遍现象并广为接受。城市的三次产业结构宜进一步加大第三产业的比重，重点发展贸易、金融保险、信息产业、旅游业、房地产、文化产业等行业，提高第三产业中的科技含量和服务水平。

（4）经济开放程度。随着我国加入 WTO，我国经济与世界更紧密地联系在一起，经济全球化的浪潮将使我国城市面临更加激烈的竞争。在对外开放方面，城市处在前沿位置，有许多工作可做。除吸引外资、扩大出口和增强外部联系外，还应利用城市的吸引力、科技教育资源密集的优势，把城市发展成为知识经济发展基地。

4.4.3 城市社会承载力

城市社会承载力的主要作用是指在人口素质逐步提高的前提下，人与人和谐地交流、相处，社会服务不断改善，以支持人们对物质和精神生活不断提高的追求的需要，减小对生态环境的压力。具体包括以下几方面的内容。

（1）人口承载力，主要包括人口规模和增长速度。城市功能发挥体现在其聚集性的效应上，对人口而言，需要寻找以当前的科技水平来说最佳的人口规模。因为保证城市功能的实现需要人力资源的支持，而过度拥挤又会影响人们的生活水平，二者构成人口规模上的矛盾，所以必须找到一个合适的人口规模范围。

（2）基础设施承载力。城市的基础设施水平与居民生活水平呈正相关关系。作为现代化的城市，应能够提供交通、通信以及其他公用设施系统来满足人员、能源、物资、信息的高效率流动需求，同时对城市生态环境的污染应控制在城市环境可以消纳的范围内。

（3）人文环境承载力。现代化城市在人文环境方面的特征包括深厚的文化底蕴、发达的教育体系、优良的人口素质、井然有序的社会秩序、丰富多彩的文化生活、完备的医疗条件和祥和的社区环境。

（4）社会环境承载力。社会安定是社会经济发展的基础和保障。就业形势、社会保障、社会公平和治安状况的变化都可以对民众的社会安全信心产生影响。

4.4.4 城市环境承载力

城市环境承载力的概念是在充分认识环境系统与人类经济活动关系的基础上，结合承载力、环境容量等概念提出的。环境承载力是指在某一时期，某种环境状态下，某一区域环境对人类社会、经济活动的支持能力的限度。1968 年，日本学者将环境容量的概念引入到环境科学中，可以认为，环境容量就是环境承载力概念的理论雏形。1995 年，诺贝尔经济学奖获得者 Arrow 与其他国际知名的经济学家和生态学家一起在 *Science* 上发表了《经济增长、承载力和环境》一文，在学界和政界均产生了极大的反响，进一步引起了人们对环境承载力相关问题的关注。国内对环境承载力的研究最早出自于 1991 年北京大学的《我国沿海经济技术化开发区环境的综合研究——福建省湄洲湾开发区环境规划综合研究总报告》。在该报告中，环境承载力被定义为在某一时期、某种状态或条件下，某地区的环境所能承受的人类活动的阈值。2002 年在《中国大百科全书——环境科学》中正式给出了环境承载力的定义，即在维持环境系统功能与结构不发生变化的前提下，整个地球生物圈或某一区域所能承受的人类作用在环境上的规模、强度和速度的限值。目前，环境承载力并没有统一的定义方式，最常见的是从“阈值”角度定义。环境承载力是指在一定时期、一定状态或条件下、一定的区域范围内，在维持区域环境系统结构不发生质的变化、环境功能不遭受破坏的前提下，区域环境系统所能承受的人类各种社会经济活动的能力。环境承载力的大小可用人类活动（或指人类活动导致的污染物排放）的规模、强度、速度等指标表示。

基于对相关研究的分析，笔者认为城市环境承载力主要是由自然环境承载力和人工环境承载力两部分组成，这两部分具有紧密联系，自然环境的维护需要依靠建立人工的环保设施来实现，而人工环境的营造要与自然环境相互融合、相互匹配。对于城市经济增长造成的大气、水、噪声以及固体废弃物污染，应按照各自的特点给予防治和及时处理，使各项环境质量指标均能达到先进的标准。在实施环境保护时，应使城市环境污染和破坏生态环境的现象得到有效的控制，各类环境功能区环境质量明显改善，使城市环境保护与经济发展形成良性循环，创建与现代化国际大都市相适应的城市环境。

4.5 城市综合开发项目预评价体系

基于以上的理论基础体系构建和相关理论的阐释，本书为了实现对现行城市综合开发项目进行全面的评估，将建立如图 4 –5 所示的预评价体系，其中包括项目层面、项目环境层面、项目宏观环境层面和项目微观环境层面的评估。

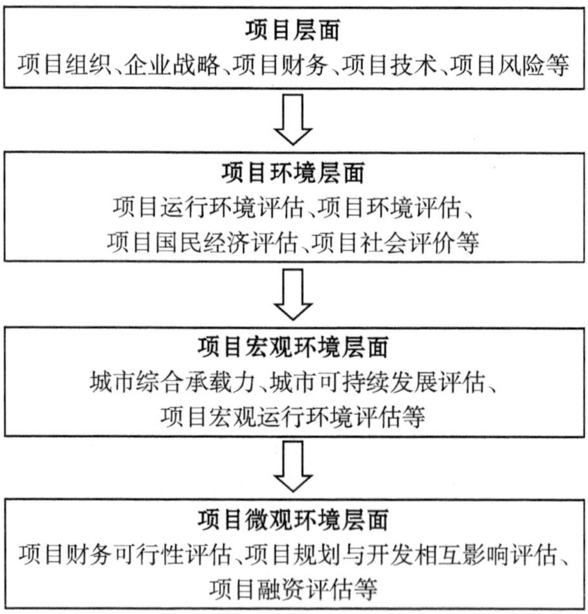

图 4 –5　项目预评价内容结构示意图

4.5.1 城市综合开发项目预评价体系基本结构

在明确了城市综合开发项目预评价体系的基本内涵和支撑理论后，便要进行评估体系的建立，其中主要工作包括构建指标体系、建立评估模型、提出评价原则和评价标准等多项内容。而从评估类型来看，该评估体系主要涉及对城市综合开发项目进行定性和定量评估，而评估内容则可以分为专项评估和综合评估。

在本书的研究中，最大的创新和突破就是要尝试建立基于可持续发展和城市综合承载力的城市综合开发项目评估体系，因此必须将这三个要点与现有的项目预评价原理进行有机结合，形成具有科学性和实用性的项目预评价体系。

4.5.2 城市综合开发项目经济评估

1）财务评估

任何项目存在的目的之一都在于希望通过实施项目去获得一定收益，而项目收益主要是通过对项目的财务评估来认识的，所以项目财务评估是项目评估的一个重要内容。与企业常规财务状况评估不同，项目财务评估主要是面向未来的，是一种利用项目的预测财务数据进行评估的工作。这种评估一般应该对项目整个全周期的财务总体情况进行全面评估，并且应该使用考虑资金时间价值的动态方法进行评估，同时还必须要进行不确定性方面的分析与评估。项目财务评估实际上是项目可行性研究的核心内容之一，这种评估的结论是项目起始决策最重要的依据之一。

项目财务评估的最终目的是全面了解项目的财务情况，但并没有任何一个单一的项目财务评估指标能够体现项目的整体财务情况，因此应该从不同侧面、不同层次对项目的财务情况进行评估。项目财务评估指标体系根据不同的标准可作不同的分类，在选用时可根据项目的具体情况进行取舍，对不同项目的财务评估可选用不同的财务评估指标去构成自己的指标体系。

从属性来看，项目的财务评价指标都是定量型指标，但是根据是否考虑时间价值又可以分为动态指标和静态指标，其中时间性评估指标和价值性指标多为动态指标，而比率性指标则为静态指标。具体说明如表 4－1 所示。

表 4－1　预评价体系的基本结构

	项目评估	城市综合开发项目评估
定量评估	单体项目经济及财务评估 单体项目风险评估 单体项目环境评估 单体项目社会评估 单体项目管理组织评估	城市综合开发项目整体经济及财务效益 城市综合开发项目整体风险 城市综合开发项目可持续发展性 城市综合开发项目的城市可承载力 城市综合开发项目管理组织总体评估

续表 4－1

	项目评估	城市综合开发项目评估
定性评估	单体项目运行环境评估 单体项目技术评估 单体项目风险评估 单体项目环境评估 单体项目社会评估 单体项目管理组织评估	城市综合开发项目整体运行环境 城市综合开发项目整体风险 城市综合开发项目整体技术水平 城市综合开发项目整体社会影响 城市综合开发项目可持续发展性 城市综合开发项目的城市可承载力 城市综合开发项目管理组织总体评估 项目对企业战略发展的贡献

在动态指标中，动态投资回收期是指项目计算期内各年净现金流量现值之和为零时的项目可持续时间，它反映了项目投资回收时间的长短。它的经济含义是项目投资的可能回收时间。而项目的财务净现值（FNPV）是指在项目计算期内，按确定的折现率将项目各年净现金流量折算成现值后所求出的项目现金流量之和，并且通过计算其值是否大于 0 来判断项目的经济可行性。与之相联系的项目财务内部收益率则是通过将项目内部收益率与行业基准收益率相比较来分析项目的可行性。

而静态指标中，投资回收期和借款偿还期为时间性指标，它们分别指以项目的净收益收回全部投资所需的时间，以及根据国家财政税规定及项目具体借款条件，按用项目投产后产生的资金去偿还项目借款本息所需要的时间周期。而投资利润率、投资收益率、资产负债率、流动比率和速动比率等指标则是通过比率的计算来反映项目的偿债能力和资金运行情况。

对于城市综合开发项目、基础设施项目和商业设施项目的建设，国内外目前所采用的最常用的财务评估方法是现金流量贴现（DCF）法。DCF 法充分考虑了项目创造现金流量的能力对其价值的影响，它已成为判断此类项目未来价值最理想和最简单的工具和尺度。现金流量贴现法认为项目的价值在于将来创造财富的能力，由于从长期来看，项目的利润金额与现金流量金额是相等的，但现金流对项目的生存发展关系更为密切，因此可以认为项目创造财富的能力集中体现为产生现金流量的能力。基于该原理，现金流量贴现法是通过预测项目未来可能产生的自由现金流，使用一定的折现率折现后而计算出的价格。自由现金流是指项目在预留日常所需的流动资金、未来发展所需的资本支出和应付税款后，可分配的现金流。现金流量贴现法可以比较准确地计算出项目的实际价值，并且可以直截了当地指出项目所产生的价值在哪里。

城市综合开发项目，是一个集土地整理、地上建筑（包括学校建筑、非经营性公建、经营性公建、住宅）、基础设施（交通、市政、绿化）于一体的系统工程，可以通过对项目的净现值、内部收益率和投资回收期等指标进行分析，结合项目的不确定性分析，来评估项目的盈利、收益大小，风险因素等。

项目的财务效益评价是在对投资估算和资金筹措、成本费用、销售收入等进行预测的基础上，按照国家现行的财政税收制度和项目评价的有关规定，结合市场的分析和预测，分析和评价项目投资建设的为财务可行性，为项目决策提供依据。本书结合城市综合开发项目的特点，选取了财务净现值、内部收益率以及投资回收期等财务评估指标作为项目预评价指标。

2）城市综合开发项目的国民经济评估

国民经济评估是从国家整体角度出发，考察项目的效益和费用，计算分析项目给国民经济带来的效益，评价其在经济上的合理性。国民经济评估区别于财务评估，财务评估主要从财务主体的角度考察项目效益，但是项目或企业的利益并不总是与国家和社会的利益完全一致，国民经济评估是站在国家和社会的角度来考察项目对国民经济的净贡献，跟踪的是资源流动。

国民经济评估在投资实践中发挥着财务评价所不可替代的重要作用，它从宏观上合理配置国家有限的资源，真实地反映了项目对国民经济的净贡献，对项目同时进行财务评价和国民经济评估使得我们能够实现投资决策的科学化，避免了财务评价只考虑企业自身的利益得失，而不考虑项目对社会、环境等方面造成的影响的问题。对项目进行国民经济评估，一方面避免了对国家资源的浪费，避免重复建设，提高投资效率；另一方面也考虑了国民经济的可持续发展。

评估项目国民经济合理性的基本途径是将项目的费用与效益进行比较，进而计算其对国民经济的净贡献。因此，正确地识别费用与效益，成为保证国民经济评估正确性的重要条件。凡是项目对国民经济所做出的贡献，均应计为项目的效益，包括项目本身的直接效益和由项目带来的间接效益；凡是国民经济为项目所付出的代价，均应计为项目的费用，包括项目本身的直接费用和由项目引起的间接费用。

评价依据法规：《建设项目经济评价方法与参数》（第二版）。国民经济评估采用费用－效益分析方法，寻求一定的投入（费用）获取最大的产出（效益）；采用“有无对比”方法，即有无项目的增量费用和增量效益进行估算。

判断项目的经济效益和费用，要从有无对比的角度进行分析，将“有项目”（项目实施）与“无项目”（项目不实施）的情况加以对比，以确定某项效益或费用的存在。根据以上原则结合财务现金流量，形成经济效益费用流量报表。以经济效益费用流量报表反映项目在各年的效益、费用和净效益流量，本书选取经济内部收益率、经济净现值、经济效益费用比等预评价指标。

4.5.3 城市综合开发项目运行环境评估

传统的项目评估十分注重对于项目经济和技术等方面的专项评估，但是对于项目运行环境评估的重视不够。然而项目成败和发展前景直接与项目运行的资源条件、市场条件、竞争条件、宏观经济条件、政治与法律条件和自然与社会文化条件等运行环境紧密相关。即使一个项目在经济和技术上是可行的，但如果其运行环境和条件存在问题，仍然无法成功或很好地实现预期的效果。为保证城市综合开发项目的可行性，目前开展的城市综合开发项目的特点，对于城市综合开发项目运行环境的评估应该从项目资源条件（包括物资条件、资金和人力条件、服务条件）、项目运行的宏观环境条件等方面进行评估。其具体评估内容如表 4－2 所示。

表 4－2　城市综合开发项目运行环境评估内容

类型	一级指标	二级指标
项目所需物资条件	项目所需原材料供应条件	原材料品种和数量能否满足要求
		原材料质量和性能能否满足要求
		材料的价格及其变动的情况
		原材料运输距离和费用的情况
		原材料的国内和国际来源
	项目自然资源条件	项目所需资源是否充分具备
		项目所需资源的质量
		项目所需自然资源供应的稳定性
		项目所需自然资源的稀缺程度
项目所需资金和人力条件	项目所需资金条件	项目的总投资是否落实
		项目自有资金的使用条件
		项目贷款资金的使用条件
		项目融资渠道条件
	项目所需人力资源条件	项目的人力资源的供给数量情况
		能够供应的人力资源水平
		各种高级管理人员的供给情况
		各种技术人员的供给情况

续表 4 - 2

类型	一级指标	二级指标
项目所需服务条件	项目燃料动力服务条件	燃料的供求量及服务供应条件
		水资源的服务和供应条件
		电力资源的服务和供应条件
		其他能源动力服务和供应条件
	项目运输和通信服务条件	运输服务和设备条件
		物流系统的服务能力
		相关运输条件的配套性
		通信服务和设备条件
		通信服务的能力和条件
		相关通信条件的配套性
	外部协作服务条件	项目前序协作配套条件
		项目后续协作配套条件
项目运行的宏观环境条件	项目宏观政策环境	国家和地方的财政政策
		国家和地方的产业政策
		国家和地方的专业性政策
	项目法律环境	有关企业的基本法律制度
		有关企业经营的法律制度
		有关经济活动监督管理的法律
		有关劳动保障方面的法律制度
		有关国家和地方经济司法制度
		项目有关的环境法律法规
	项目宏观自然和气候环境	项目地理环境
		项目生态环境
		项目气候条件
项目运行环境综合评价		项目运行环境的安全性
		项目运行环境的完善性
		项目运行环境的优惠性

4.5.4 城市综合开发项目技术评估

项目工艺技术评估是指对项目所使用的工艺技术、工程技术、技术装备和支持等方面的可行性和先进性所进行的评估。这一评估的作用是在技术方面对项目可行性做出评价，以减少盲目项目决策而造成的损失。每个项目的经济效益和社会效益都是用既定项目技术与装备取得的，都是在一定的技术组织措施条件下取得的，只有项目技术可行和先进，项目才会产生经济价值。

城市综合开发项目预评价阶段的工艺技术方案，主要指宏观及方向性的工艺技术路线等，如在轨道交通的技术方案选择中，地铁、轻轨、中低速磁悬浮的造价等分别不同。工艺技术方案决定着项目在预评价阶段的建设成本、运营维护成本及折旧等，其主要影响为对建设成本和对运营维护成本的影响，其技术成熟度关系到项目建设过程中抵御技术变更等技术实施风险，同时技术及相关物资的市场发育程度关系到项目建设过程中对涨价及垄断等技术及物资市场风险，如技术是否涉外、是否属于专利等。

二级指标主要包括建设成本、运营维护成本、技术市场成熟度（含技术市场及匹配物资市场）、技术风险等。通过分析比选，本书确定的城市综合开发项目工艺技术评估内容如表 4 – 3 所示。

表 4 – 3　城市综合开发项目技术评估内容

一级指标	二级指标
项目工艺技术方案	工艺技术对项目运行需求的满足程度
	工艺技术对原材料和技术装备制约的适应性
	工艺技术的先进性
	工艺技术的稳定性
项目技术装备方案	项目技术装备来源的可靠性
	项目技术装备组件的配套性
	项目技术装备与建设和运营条件的匹配性
	项目技术装备相关支持软件的匹配性
项目工程技术方案	项目工程技术方案和工艺技术方案的协调性
	项目工程技术方案和技术装备方案的协调性
	项目工程技术方案的经济性
	项目工程技术方案的安全性
	运营维护成本
	技术市场成熟度

续表 4－3

一级指标	二级指标
项目技术综合评估	项目技术的经济性
	项目技术的配套性
	项目技术的先进性
	项目技术的稳定性
	项目技术的安全性

4.5.5　城市综合开发项目社会影响评估

社会影响评估是按照资源优化配置的原则，从全社会的角度来考察项目的社会效益和费用，用多目标、多因素综合分析项目实施对社会福利、公平分配、就业、生态环境等方面社会目标的净贡献，评价项目的社会合理性。其基本功能是分析项目可能产生的重大社会事项，从制度、文化、社会结构等社会角度给出项目是否成立的判断，并提出减少或避免项目社会负面影响的建议和措施，保证项目顺利实施。

社会评估是与财务评价、国民经济评估同等重要的项目管理综合评价体系的有机组成部分，旨在系统调查和预测拟建项目的建设、运营产生的社会影响与社会效益，分析项目所在地区的社会环境对项目的适应性和可接受程度。通过分析项目涉及的各种社会因素，评价项目的社会可行性，提出项目与当地社会协调关系，促进项目的顺利实施，保持社会稳定的方案。因此，项目社会评估是分析拟建项目对当地社会（或全社会）的影响和当地社会条件对项目的适应性和可接受程度，评价项目的社会可行性。

本书立足于项目的可持续发展与项目全团队分析，考虑项目以人为本、实现项目全过程公平效益、利益相关群体的利益冲突以及项目长期价值等因素，提出了城市综合开发项目预评价工作的社会评估指标如表 4－4 所示。

表 4-4　项目社会影响评估内容

一级指标	二级指标
对社会经济的贡献	就业收益、收入分配 技术进步效益 节约时间的社会效益 促进地区经济和部门经济发展 促进经济发展和消除贫困 提高产品国际竞争力 对居民收入的影响
对资源利用的影响	国土开发利用效益 节约能源、耕地和水资源 自然资源综合利用 节约其他自然资源 对防止自然灾害的影响
对文化教育的影响	对当地人民文化娱乐的影响 对教育事业的影响 对文化事业的影响 对当地人民生活的影响 对社区基础设施的影响 对社区福利的影响 对社区社会保障的影响
对社会环境的影响	对文物古迹的影响 对民族团结的影响（少数民族） 对社区组织结构的影响 对性别公平方面的影响 对当地人民风俗习惯的影响 对当地宗教信仰的影响 对当地居民和移民的影响 当地政府和民众对项目的态度

4.5.6　城市综合开发项目风险评估

城市综合开发项目风险评估主要涉及项目风险的识别和项目的风险度量两项工作，因此项目风险评估的内容也就是项目风险识别和项目风险度量的内容。其中风险识别是指识别和确定项目究竟存在哪些风险以及这些风险可能带来的后果。而风险的度量是指对识别出的项目风险及其后果进行定性评估和定量分析。考虑到城市综合开发项目的专业性和特殊性，在风险评估中将采用专家调查法建立风险评估体系并进行风险的综合性分析。

通过对城市综合开发项目特点的研究，提出以下主要的风险评估指标：

（1）信用风险。该风险可能贯穿于整个城市综合开发项目的各个阶段，提供信用保证的项目参与者（包括项目的投资人、工程公司、原材料供应商等）的信用情况、技术和资金能力以及管理水平都是信用风险程度的影响因素。

（2）完工风险。完工风险主要存在于项目建设和试运行阶段。其主要表现形式包括：建设期延长、建设成本超支、完工质量达不到规定的技术经济指标和相关标准等。

（3）技术风险。技术风险的主要影响因素包括技术的成熟性、先进性、可靠性和稳定性，对于采用新技术的项目，技术风险将直接影响项目的成败。

（4）能源供应风险。能源对于城市综合开发项目的建设和运行都是至关重要的，而能源供应风险的影响因素主要是能源供应数量的持续性和可靠性以及能源的价格。

（5）原材料供应风险。由于项目的专业性，城市综合开发项目涉及的原材料供应较其他类型的项目具有更强的垄断性和专业性，因此原材料供应的质量可靠性、数量充足性和价格的稳定性都对项目有重大影响。

（6）经营管理风险。主要用来评价项目投资者对于所开发项目的经营管理能力，而这种能力是决定项目的质量控制、成本控制和生产效率的一个重要因素。

（7）市场风险。市场风险是指由于项目产品所处的市场环境发生变化所引起的风险，市场风险的影响因素包含着市场价格和市场销量两个主要的因素。同时，同行业的竞争状况以及国际国内宏观经济形势也对市场风险有较大的影响。对于本研究中的城市综合开发项目而言，由于其建设的主要目的并不是盈利，因此其受市场风险影响较小。

（8）金融风险。通常金融风险主要包含汇率风险和利率风险两个方面。由于城市综合开发项目所需设备有可能涉及外汇和设备进口等问题，因此汇率会对项目造成一定影响。同时贷款利率的变动也对整体融资成本不可测性带来一定风险。

（9）财务风险。财务风险是指资金的到位情况，产品能否及时销售及贷款能否及时偿还等方面的变化所引起的风险，其影响因素包括资金供应状况、收益率水平、贷款偿还情况和产品销售的及时性（资金的流动性）。对于本书中的城市综合开发项目来说，由于其投资全部为自有资金，且项目并不属于营利性项目，因此工程的财务风险较小。

（10）设计风险。由于具有较强的综合性和很强的功能相关性，因此这样的城市综合开发项目的整体规划设计以及各单体间的结合设计是十分重要的，其中任何一个单体项目的设计失误和不当都会导致项目的整体失败。

（11）政策风险。政治风险一般分为国家风险和国家政治经济法律稳定性风险。就本书中所讨论的城市综合开发项目来看，目前尚符合国家的相关发展政策和环境保护要求，且有一定的政策扶持和优惠。但国家的相关政策如有变化，则会对项目造成一定影响。

（12）环保风险。作为城市综合开发项目，其建设立项的主要目的是为了扩充城市容量，减少由于城市承载力不足而带来的环保压力。项目起到了降低防范可能产生的环境危害和改善环境作用。

（13）不可抗力风险。不可抗力风险是指不能预见且无法克服及避免的事件给项目造成损害或毁灭的风险，包括战争、内乱、罢工等社会风险和地震、洪水、火灾等自然风险。

基于以上城市综合开发项目风险的分析，考虑到项目的专业性，可以采用专家调查法对工程的风险进行评估，即首先辨识出城市综合开发项目可能遇到的所有风险，列出风险清单；然后利用专家经验，对所列出的风险因素的重要性进行评价，最后综合而成对整个城市综合开发项目风险程度的评估结果。

4.5.7 城市综合开发项目可持续发展性评估

可持续发展是项目建设开发的必然要求，也是项目赖以生存的重要因素，遴选可持续发展评价指标是项目预评价的评估内容的重要组成部分。可持续发展要考虑项目对地区文化、教育和卫生等领域的影响，以实现项目与当地社会互适的可持续；项目的基础设施、配套设施建设水平及服务容量、对城市化进程的影响等指标关系到项目的可持续承载能力；当地的技术文化条件是项目可持续发展的外在条件，可以为项目的可持续提供内在驱动力。制定项目的可持续发展项目评估指标主要考虑项目环境的相容性、经济效益的合理性、社会影响的和谐性、资源条件的稳定性以及项目管理体系的整体性等因素，通过分析提出如表 4－5 所示的可持续发展性评估指标体系。

表 4－5 可持续发展性评估指标体系

社会	人口发展
	基础设施
	贫困程度
	社会稳定
经济	经济总量
	经济结构
	经济变动率
资源	资源总量
	资源利用结构
	资源变动率
环境	环境容量
	排污水平
	治理水平
协调度	资源环境承载力
	经济发展与环境破坏
	社会发展与生态损失
	宏观政策保障
	法律与法规行为

4.5.8 城市综合开发项目城市承载力评估

城市作为一个包含多个子系统互动反馈的复杂系统，其承载力及承载状况可以通过一系列评价指标加以定量分析。从城市人地系统的载体和受载体方面出发，在构建城市承载力评价指标体系时，应该考虑社会、经济、环境和资源 4 个方面的承载力问题。本书所确定的城市承载力评估指标体系如表 4－6 所示。

表 4－6　城市承载力评估指标体系

社会承载力	人口自然增长率（‰）
	人口密度（人/平方千米）
	非农业人口比重（%）
	人均生活用水量（L）
	城市人均住房面积（m^2）
	农民人均纯收入（元）
	城镇居民人均可支配收入（元）
	恩格尔系数（%）
	科技教育投入占 GDP 比重（%）
经济承载力	GDP 增长率（%）
	人均 GDP（元）
	第三产业占 GDP 比重（%）
	单位 GDP 能耗（吨标准煤/万元）
	全社会固定资产投资占 GDP 比重（%）
	城镇化水平（%）
	万元 GDP 废水排放量（吨）
环境承载力	耕地面积（公顷）
	人均公共绿地面积（m^2）
	建成区绿化率（%）
	环保投资占 GDP 比重（%）
	城镇生活污水处理率（%）
	工业废水排放达标率（%）
	工业固体废弃物综合利用处理率（%）
资源承载力	人均水资源量（m^3）
	人均耕地面积（公顷）

4.6 本章小结

本章在城市综合开发项目的独特性分析基础上，结合已经建立的此类项目预评价理论，构建了此类项目的预评价综合指标体系。通过对可持续发展理论以及城市承载力理论的深入研究，提出了可持续发展与城市承载力以及城市综合开发项目之间的相互关系，并在此基础上明确了相关的预评价指标，完成了此类项目预评价的相关原理分析，为后续实施引导性指标体系的构建以及评估方法的研究奠定了基础。

5 城市综合开发项目预评价实施引导性指标体系研究

在城市综合开发项目预评价工作中，根据预评价结果对项目实施各项方案及指标进行反馈，进而对原规划方案、策划方案进行优化升级，将对项目的社会、经济、环境等效益最大化起到关键作用。通过城市综合开发项目预评价工作，实时对项目各时点工作情况进行调控一直是项目管理方面研究的前沿和热点。基于此，提出了利用在实施阶段可以引导项目策划的实施引导性指标体系构建研究。

本章主要结合城市综合开发项目规划策划方案以及组织实施过程中的建设计划、投融资、项目建设保障措施等重点工作内容，基于前两章所建立的预评价原则和指标体系，进一步提出了 10 大类的实施引导性指标，构建了此类项目的实施引导性指标体系。

5.1 项目实施引导性指标体系的构建

5.1.1 项目建设保障措施及政策支持预评价

1）项目建设保障措施预评价

主要内容包括：项目相关的配套保障政策可行性评估；项目相关的管理保障体系及机制可行性评估；项目风险管理措施可行性评估。

一级指标：项目建设保障。

二级指标：组织保障；制度及机制保障；风险管理保障。

2）项目建设政策支持预评价

政策支持关系到项目开发建设的宏观政治及法律法规环境，左右着项目是否能够得以顺利实施以及后续的运营管理。态势良好的扶持政策意味着政府或者国际相关组织对该领域（产业或投融资等政策）的支持力度，意味着政府在行政审批程序、规划、投融资及建设等工作领域可以顺利实施完成，并且可以得到政府在资金及政策方面的专门扶持。而与项目建设开发相悖的政策，往往会增加项目本身的行政审批难度、投融资成本、产品的出让以及运营难度等。

政策支持与导向相关影响因素为：城市综合建设开发区域主体产业政策、城市综合建设开发区域建设立项项目融资政策、房屋征收及土地征用政策、技术政策（指主要工艺技术的政策支持度，如中低速磁悬浮技术为国家重点支持技术等）、项目所在区域是否符合区域发展政策。

一级指标：政策支持。

二级指标：支持政策与导向。

5.1.2 城市综合开发项目规划方案预评价

规划预评价工作指按照项目基本规划方案，在满足城市总体规划及相关规划与相关政策法规等的前提下，以利于区域发展、满足公共利益需求，实现区域综合价值最大化，保证项目实施可行性为前提条件，对道路交通规划、景观园林规划、市政设施规划、用地布局等专项规划方案以及区域规划方案与指标等进行预评价。

规划方案对预评价的主要影响因素包括：

（1）交通工程规划方案，主要指具体的道路等级、节点形式、红线宽度等。

（2）环境专项规划方案，主要指景观的占地面积。

（3）市政设施专项规划方案，主要指市政设施的占地及规划指标。

（4）配套公建规划方案，主要指占地及相关规划指标。

（5）开发性用地规划用地面积及容积率等指标。

（6）市里规划是否与所在区域地方政府规划定位一致。

1）交通工程规划预评价

主要评估道路等级、主要节点形式、红线宽度等是否符合区域内部以及区域与外部的交通要求；评估道路交通及其退线对可出让地块以及开发地块的划分是否规范以及利于提升地块价值。

一级指标：交通工程规划方案。

二级指标：道路等级；节点功能；红线宽度；道路对可出让地块影响。

2）景观园林规划预评价

主要评估景观园林的占地面积、绿地率等规划指标是否满足规范、区域定位功能需求，同时评估园林景观及绿地系统布局对可出让地块以及可开发地块的价值提升作用。

一级指标：景观园林规划方案。

二级指标：景观绿化比率；景观规划布局对可出让地块影响。

3）**市政设施规划预评价**

主要评估区域及周边市政基础设施是否可支撑该区域开发量，市政设施占地及布局等规划指标是否符合各市政专业规划要求以及对周边可开发用地的价值影响。

一级指标：市政设施规划方案。

二级指标：市政设施功能满足性；市政设施布局对可出让地块影响。

4）**用地布局规划预评价**

主要评估各类用地布局及指标的合理性与可开发用地是否可以满足项目建设需求。

一级指标：用地布局方案。

二级指标：各业态用地布局合理性（主要指考虑各业态布局之间的相互影响关系及其是否合理）；容积率（主要考虑总体容积率在规划角度的合理性以及对房地产开发量的影响）；业态比例（主要指各种开发性项目的业态比例是否符合该区域的产业及区域发展，以及对该区域总体收益的影响）。

5.1.3 城市综合开发项目建设开发计划预评价

项目建设开发计划主要是指在项目起始阶段的建设计划安排及项目出让时序安排。建设计划遵照项目的政府指令性节点及出让时序而制定，其目的第一是满足政府刚性要求，第二是使得建设项目建成后，保证开发项目出让的利益最大化。建设计划安排与项目的开发时序密切关联，建设计划安排主要由以下因素确定：

（1）政府指令性项目的刚性建设时间节点。

（2）考虑土地出让及开发项目出让的时间节点。

（3）道路基础设施等建设应满足后续施工需求。

（4）建设资金的年度到位情况。

项目的开发时序主要指开发性项目建设时序及土地的出让时序。主要由以下因素确定：

（1）开发项目的市场环境。

（2）区域项目整体的资金回收计划（考虑还本付息、建设资金安排等）。

一级指标：建设开发计划。

二级指标：出让时序；基础设施建设计划；建设资金使用计划。

5.1.4 土地征用及房屋征收预评价

土地征用及房屋征收预评价主要指在项目启动阶段对土地征用及房屋征收工作内容的评估，主要内容包括：对国有土地上房屋征收涉及的地籍调查分析、被征收房屋拆迁量核算、房屋征收价格评估、征收立项可行性及程序评估和集体土地征用涉及的土地征用范围、地籍调查、征用时序、征地安置补偿方案及可行性评估。

一级指标：土地征用及房屋征收。

二级指标：地籍调查（主要指产权是否明确，征收土地产权的复杂性等）；征收量及征收价格（主要指土地征用范围及单价、房屋征收面积及单价的确定性及合理性）；征收立项可行性（主要指征收立项程序以及征地安置补偿方案的合规性与可行性）；征收时序可行性（主要指房屋征收以及土地征用时序与项目资金使用计划的合理性）。

5.1.5 土地出让及房地产预评价

土地出让与房地产业务是区域城市综合开发项目主要的资金平衡来源，其预评价工作应根据项目整体资金需求、融资计划、土地及房地产的未来市场，以有效满足建设资金需求、降低项目整体财务成本，实现土地及房地产综合价值最大化为目标。

1）土地出让预评价

主要内容包括：国家及地方政策对土地一级市场影响的评估；对土地市场目前市场状况及未来市场走势的评估；对土地出让时序的评估。

一级指标：土地出让方案。

二级指标：土地政策影响；土地市场状况（含现在及未来市场变化趋势）；土地出让时序（出让的效益最大化以及与整体开发回款节奏的符合性）。

2）房地产预评价

主要指对房地产业发展前景、市场状况以及房地产产品策划等的评估。房地产预评价内容主要包括：国家及地方政策对房地产市场影响的评估；房地产市场走势及消费群体购买能力评估；当前政策形势下，区域城市综合开发项目内房地产开发项目的定位、类型与建设标准的评估；根据城市总体规划本区域及周边区域功能定位，参照周边已建成项目，对拟开发项目的服务功能、服务半径进行评估。

一级指标：房地产开发。

二级指标：房地产政策；房地产市场状况（含现在及未来市场变化趋势）；房地产产品（对开发项目的定位、业态类型、开发量等进行评估）；房地产产品功能（服务功能与服务半径的合理性评估）。

5.1.6 项目投入产出财务预评价

项目投入产出财务预评价，是指对项目建设成本以及物业开发市场价格的投资估算指标，主要包括宏观的投资估算指标，如每平方米的道路及桥梁估算价格、环境绿化等估算指标（预评价阶段尚未涉及具体人、材、机的单价指标）、对土地整理成本的估算指标；土地出让价格的估算指标、房地产等相关物业的出售及出租价格估算指标、对有关政府政策性税收及出让金返还部分的估算。

一级指标：投入产出分析。

二级指标：项目测算过程中单价指标的准确性；整体财务指标设置合理性；有关财税政策的税费评估。

5.1.7 组织模式及运营管理预评价

1）项目组织模式预评价

项目组织模式指项目建设组织模式，项目的组织模式直接决定了项目规划建设开发等各阶段的实施效率，不同的建设组织模式直接决定着项目的品质以及建设开发效率。目前城市综合开发改造项目所涉及的建设组织模式主要包括以下几种：一是注册成立综合性项目公司直接负责区域内的综合建设开发改造；二是城市综合开发项目的子项目由各专业建设单位注册成立法人公司分别组织实施；三是城市综合开发项目的子项目由各建设单位成立临时项目组组织实施；四是子项目由各建设单位成立法人公司以及项目组的混合模式组织实施。

同时，所在地市政府是否成立政府建设指挥部开展统一协调督促工作，以及主要建设单位是否成立建设指挥部，直接决定着项目管理的集约化与高效化。城市综合开发项目组织模式如图 5－1 所示。

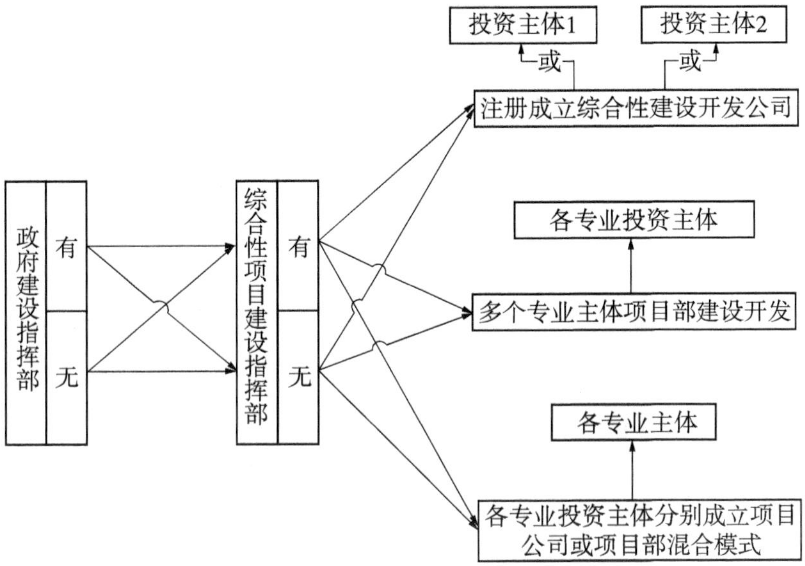

图 5－1　城市综合开发项目组织模式

一级指标：建设组织。

二级指标：组织模式的完备程度和高效性（主要指各级管理机构是否建立相应的项目管理组织、委派专职成员参与建设组织工作等）；投资主体资历（主要指各投资主体建设经验及人员状况）。

2）**项目运营管理预评价**

项目运营管理指对项目基础设施、公建及房地产开发产品的养护、运营以及管理工作。项目运营管理预评价主要内容包括：对项目出让产品、自持资产及移交资产的相关内容评估；运营管理模式的评估；运营管理成本的评估。

一级指标：运营管理。

二级指标：运营商资历评估；运营管理项目成本评估；运营管理模式评估；运营管理难度评估（主要是养护、项目类别等复杂性评估）。

5.1.8　资金筹措方式预评价

在投资项目的总投资中，除项目法人（依托现有企业的扩建及技术改造项目，现有企业法人即为项目法人）从银行或资金市场筹措的债务性资金外，还必须拥有一定比例的资本金。因此，本书在对项目资金筹措方式的评价中，分为项目资本金的筹措和项目债务资金的筹措。

1）**项目资本金的预评价**

投资项目资本金，是指在投资项目总投资中，由投资者认缴的出资额，对投资项目来说是非债务性资金，项目法人不承担这部分资金的任何利息和债务；投资者可按其出资的比例依法享有所有者权益，也可转让其出资，但不得以任何方式抽回。国家对各类项目均有严格的资本金比例限制。

严格意义上讲，资本金是非债务性资金，因此其具有非债务的性质，即任何债务性资金都不能作为项目的资本金。所承担的大型城市基础设施项目，在该定义下其来源包括财政拨付的各类项目资本金及规费收入、交通部拨付的补助、经营性收入、国债、地方债、股权类融资取得的资金等。从实际操作来看，各类公开发行债券，如企业债、中期票据等拨付到子公司的项目上，也可被认为是项目资本金。同时，在特定条件下，国家开发银行发放的“软贷款”、资本金搭桥贷款等负债资金也是项目资本金的来源。

对于项目资本金的预评价，笔者认为主要应关注三方面内容：

（1）项目资本金应有确定的来源。在项目立项以前，应落实资本金确定的来源，这是项目建设的前提。而对于特定的负债类项目资本金，则需要落实未来的还款来源。

（2）项目资本金能够按需求到位。无论是财政资金，还是特定时期的债务性资金，一定能确保可以及时、足额地按照项目进度到位，这是确保项目正常建设的保障。

（3）股权类融资取得的资金对公司的影响。股权类融资是指通过让渡部分股权的方式获得项目建设资金。但该种方式在获得资金的同时，转让了部分公司或项目的控制权给出资人。在这种融资方式下，应特别评判控制权出让对公司及项目的影响。

一级指标：资金筹措方案。

二级指标：资本金来源可靠性评估（主要指资本金来源、资本金是否具备足额按时拨付等情况评估）；还款可行性评估。

2）项目债务资金的预评价

随着我国资本市场的逐步完善，债务融资工具也随之丰富。对于城市建设大型基础设施来说，债权融资包括银行贷款、企业债、公司债、非金融企业债务融资工具（中期票据、短期融资券、非公开定向债务融资工具、超短期融资券）、保险资金投资基础设施项目债权计划、融资租赁、债权信托等。

对于债务资金的预评价，主要应关注以下方面：

（1）债务工具的选择要符合相关政策要求。例如，国家对于企业债、保险资金等严格限制其投入到如房地产等风险较高的项目之中，因此在债务工具的选择上，一定要符合相关政策。

（2）债务结构要与项目收益结构匹配。即项目收益不仅要在数量上满足负债还本付息的要求，同时也要在时间的分布上满足债务还本付息的要求，并有一定的偿债覆盖率。

（3）融资成本。在有多种适合的融资工具可供选择时，应选择成本相对较低的融资工具，以节约财务费用。

一级指标：债务资金。

二级指标：债务资金的政策符合性；负债与收益匹配度评估。

5.1.9 融资方案与资金成本预评价

1）融资方案的评价

融资方案是依托于项目运作模式，根据项目现金流等因素综合考虑的项目资金解决方案。对于融资方案的预评价，应主要关注以下几方面：

（1）融资方案的可行性。融资方案最重要的目的是在指导后续实际融资工作，解决项目建设中的资金问题。因此，若项目的融资方案不能实际付诸实施，则失去了其最根本的价值。

（2）融资方案与项目运作模式相适应。项目的运作模式是制定融资方案的基础，若脱离了项目的运作模式，融资方案很可能不仅不具备可行性，同时也会造成融资操作过程中的各种困难。

（3）选择合适的资金筹措方式，以确保资金在期限、结构、成本等方面实现最优。

2）融资成本的评价

融资成本也就是资金成本，是项目融资工作中需要重点考察的指标之一。不同的融资工具，成本也不尽相同。从对融资成本的考核来看，主要通过考核值衡量。若各种融资工具其调整系数 >0，则可认为在当前条件下融资成本相对合理。当然，各类融资成本仅作为对于不同融资工具成本的考核参考依据，是否合理还需要根据不同情况予以调整。

一级指标：融资方案及融资成本。

二级指标：融资方案可操作性；融资成本评估。

5.1.10 货币政策预评价

货币政策是指政府或中央银行为影响经济活动所采取的措施，尤指控制货币供给以及调控利率的各项措施，用以达到特定或维持政策目标，如抑制通胀、实现完全就业或经济增长、直接地或间接地通过公开市场操作和设置银行最低准备金（最低储备金）等。

对于货币政策，一般国务院以及央行都会给出定性的货币政策导向，主要分为从紧的货币政策、稳健的货币政策、宽松的货币政策以及在这几者之间进行微调。

货币政策一般对于城市大型基础设施项目融资的难易度会起到一定的影响作用，但该政策的宽松与否是对我国整个经济系统的调控，在项目融资时可依据当时货币政策对融资难度进行定性判断。

一级指标：货币政策。

二级指标：货币政策与产业政策等对融资影响。

5.2 本章小结

本章主要对项目规划策划及建设实施阶段的影响进行了研究分析，得出了实施引导性指标体系，其中涵盖了项目建设保障措施及政策支持、规划策划方案、建设开发计划、土地征用及房屋征收、土地出让及房地产、项目投入产出、组织模式及运营管理预评价、项目资金筹措方式、融资方案及成本、货币政策等 10 大领域共计 17 项一级指标以及 46 项二级指标。通过对指标体系涉及的项目各个阶段的评价，可以得出项目各阶段实施效果对项目整体建设开发目标的贡献度，从而在进行预评价的过程中对项目规划策划等系列方案进行调整优化。

通过对实施引导性指标体系的构建，实现了项目实施与项目预评价体系的互动，即通过项目实施层面的指标体系实时调整，完成城市综合开发项目社会经济价值的最大化，从而满足城市可持续发展需要，提高城市承载力。

6 城市综合开发项目综合预评价

通过对城市综合开发项目的独特性分析以及项目预评价体系的构建，该类项目的预评价工作已经完成了各个分项的指标体系构建工作。通过所建立的基于可持续发展以及城市承载力的城市综合开发项目指标框架体系，可以获得项目在给定指标下的预评价分析。本章将结合前面的研究工作，进一步深入研究整合该类项目的预评价体系，完成对预评价工作中评价方法以及理论的选择，从而构建整体的城市建设开发项目综合预评价体系。

6.1 项目综合预评价体系研究

6.1.1 项目综合预评价指标

根据前述几章对城市综合开发项目综合评估基本内容的分析和介绍，为了更好地开展城市综合开发项目的综合预评价，综合其指标体系如表 6－1 所示。

表 6－1 城市综合开发项目综合评估体系

评估类型	指标名称
城市综合开发项目必要性评估	项目符合国家长远发展规划的情况
	项目符合地区中长期发展规划的情况
	项目符合国家相关产业政策的情况
	项目符合企业发展要求的情况
	项目对国家或地区环境保护的必要性
	项目对企业环境保护的必要性
城市综合开发项目经济可行性评估	项目投资来源的可靠性
	项目投资的稳定性
	项目投资金额的合理性
	项目投资方案的可行性
	主要经济指标达标情况

续表 6－1

评估类型	指标名称
城市综合开发项目技术可行性评估	项目工艺技术的先进性
	项目工艺技术的经济性
	项目工艺技术的适用性
	项目技术装备的经济性
	项目技术装备的适用性
	项目技术装备的配套性
	项目技术装备的经济性
	项目配套工程的配套性
	项目配套工程的经济性
城市综合开发项目运行环境可行性评估	项目宏观政治环境的可行性
	项目宏观法律环境的可行性
	项目宏观经济环境的可行性
	项目宏观社会环境的可行性
	项目所需资源供应条件的可行性
	项目所需服务供应条件的可行性
城市综合开发项目的环境影响评估	城市综合开发项目建成后的污染物处理功能
	城市综合开发项目建成后的污染物处理效果
	城市综合开发项目建成后的污染物处理效率
	城市综合开发项目建设和实施中的环保达标情况
	城市综合开发项目建设和实施中的环保措施可行性
城市综合开发项目的风险评估	城市综合开发项目风险的可控性
	城市综合开发项目风险的持续性
	城市综合开发项目风险的影响程度
	城市综合开发项目风险应对措施的合理性
实施引导性指标评估	项目建设保障
	支持政策
	项目规划
	建设开发计划
	土地出让
	房地产开发

续表 6－1

评估类型	指标名称
实施引导性指标评估	投入产出分析
	建设组织
	运营管理
	资金筹措方案
	债务资金
	融资方案及融资成本
	货币政策

6.1.2　城市综合开发项目预评价工作框架及流程

1）总体框架

城市综合开发项目预评价工作框架如图 6－1 所示。

图 6－1　该类项目预评价工作框架图

2）评估工作流程

城市综合开发项目作为以一种旨在实现地区综合社会经济能力提升的特殊项目，其最主要的目的就是实现对城市容量的有效以及合理增长，本书所提出的基于可持续与城市承载力视角的该类项目预评价工作，更应该强调评价的公共相容性，而并非单调地追求项目的经济性。与此同时，城市综合开发项目的独特性应当纳入项目预评价研究中，只有兼顾了以上这两点，才能实现对这种城市综合开发项目科学和有效地评估。与此同时，在进行综合和专项评估时均要考虑城市综合开发项目中各单体项目的情况，只有这样才能实现对项目进行完整和可靠的评估。

为了实现专项和综合评估工作，笔者结合城市综合开发项目的特点和专业性进行了总结，提出了以下的城市综合开发项目评估工作的主要内容，虽然单项评估的对象和具体内容有所区别，但基本的工作步骤应与图 6－2 中所示的步骤一致。

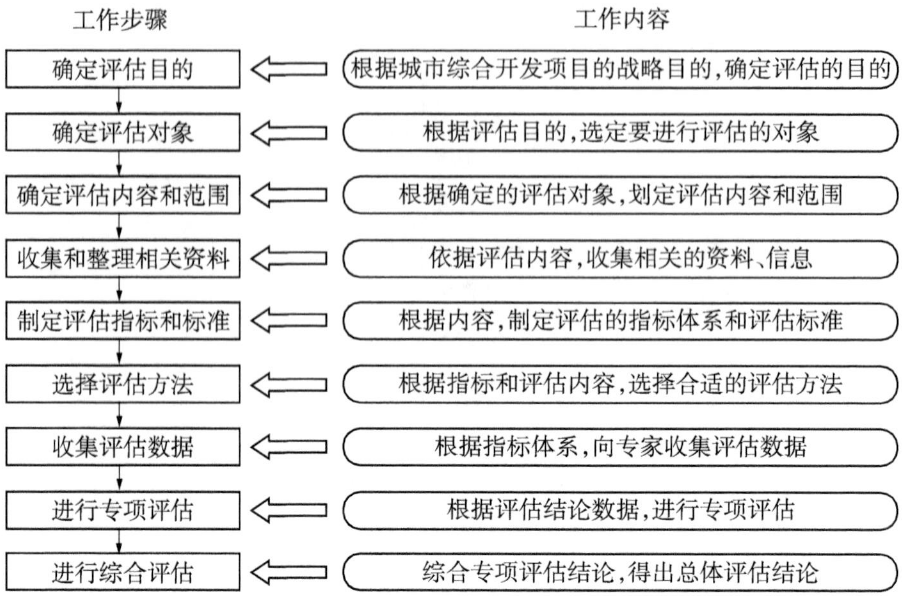

图 6－2　城市综合开发项目评估工作基本流程

根据图 6－2 所示的基本流程，针对城市综合开发项目的特点和专项评估的内容，其各工作步骤的具体内容如下。

（1）确定评估目的。

确定城市综合开发项目评估的目的是评估工作的起点，也是评估工作的主要导向。评估目的确定的主要依据是根据项目建议书和项目提案中的相关内容，结合项目的特点和中长期战略目标来制定的。对于一个城市综合开发项目来说，不仅城市综合开发项目有总体的目标，并且各个单体项目也有各自的项目目标，而这些目标又可以进一步细分为一些专项目标。由于项目评估工作是针对城市综合开发项目开展的，因此其评估目标也可以根据以下几方面来进行划分：

①环境影响评估。这项评估的目标是考察单体项目和城市综合开发项目的环境影响是否达标，并且能对环境产生积极影响。

②运行环境评估。作为项目生存的基础，这项评估的目的是考察城市综合开发项目所处的宏观政治、经济、法律和社会环境，以及资源和服务条件能否达到项目的要求。

③财务与国民经济评估。这主要是指从企业微观和国家宏观两个层面来对项目的经济性进行评估，目的是说明项目在资金投入和使用方面的可行性。

④技术评估。技术对于城市综合开发项目来说是其项目功能发挥的根本保证，因此这项评估的目的就在于对项目所采用的技术的先进性、配套性和适用性进行判断。

⑤风险评估。由于项目在建设和运行过程中遇到诸多的不确定性和由此产生的风险，因此应该对项目的风险类型进行识别，对影响程度进行有效度量，并且还要对风险应对措施的可行性进行分析。

⑥综合评估。在完成了单体项目和城市综合开发项目的单项评估后，还要对项目的整体情况有所把握，因此要对单项评估结果进行综合，即进行综合评估。

（2）确定评估对象。

确定评估对象主要是要根据项目评估的目的，选择合适的评估对象来进行分析和预测，各专项评估的评估对象如下。

①环境影响评估：城市综合开发项目和单体项目的环保达标和污染物减少情况。

②运行环境评估：城市综合开发项目所处的宏观政治、经济、社会环境，以及项目所需资源、能源和相关服务的供应条件。

③财务与国民经济评估：项目的现金流量、收益率、投资效率和借款偿还情况等。

④技术评估：城市综合开发项目所采用的技术工艺、技术方案和配套工程的相关情况。

⑤风险评估：城市综合开发项目所面对的各种不确定性和风险。

⑥综合评估：城市综合开发项目的必要性和整体可行性。

（3）确定评估内容和范围。

在确定了城市综合开发项目评估的各专项评估对象后，就要结合项目的单体项目构成情况，评估的深度和侧重点的不同来确定评估的内容和范围。对于城市综合开发项目来说，环境影响无疑就是评估的重点，但是对其他方面的评估也不应忽视，因为其他方面的评估结果将说明项目的环保目标能否达成，项目的整体目标是否能够在现有条件下实现。根据不同的专项评估的对象来看，其评估内容和范围如下。

①环境影响评估：对城市综合开发项目建设和实施中的污染物排放情况、环保措施，以及城市综合开发项目建成后的污染物处理效果和效率进行综合评估。

②运行环境评估：对城市综合开发项目涉及的国家和产业相关政策和法规、社会环境和地区、产业、企业经济发展政策进行评估。

③财务与国民经济评估：对城市综合开发项目的投资、年度现金流情况以及常规的项目财务评估中的动态和静态评估指标进行测算。

④技术评估：对项目工艺技术、技术方案和配套设施进行先进性、经济性、可行性和配套性进行评估。

⑤风险评估：对项目在环境影响、运行环境、技术、经济方面存在的风险进行识别并且以清单列示，并且就风险的影响程度进行度量。

⑥综合评估：对项目的环境影响评估结果、运行环境评估结果、技术和经济评估结果、风险情况进行综合，并且就城市综合开发项目的必要性和可行性进行总体说明。

（4）收集和整理相关资料。

为了实现对评估对象的评估，就必须完成对相关资料和信息的收集工作，因为只有较为全面的信息，才能对项目做出全面的评估，针对不同的专项评估，其所需的资料和信息的情况也是不同的，具体内容如下。

①环境影响评估。该项评估所需的主要信息和资料涉及：a. 城市综合开发项目所在地的区域地理位置、地形地貌、气候与气象、地面水环境、地下水环境、大气环境质量、动植物与生态情况、人口情况、工业与能源情况、交通运输条件和其他环境污染和破坏的现状情况；b. 城市综合开发项目建成后的污染物处理效果的相关指标和标准，以及相关的预测数据；c. 有关项目环保技术的相关参数和指标等。

②运行环境评估。该项评估所需的主要信息和资料涉及：a. 与项目相关的国家、产业和地区相关政策、法规等；b. 与项目相关的相关行业发展报告和数据；c. 与项目相关的企业情况和发展现状的说明等。

③财务与国民经济评估。该项评估所需的主要信息和资料涉及：a. 项目的相关投资计划、运营计划等；b. 项目的资金安排、概预算；c. 项目的其他财务说明资料等。

④技术评估。该项评估所需的主要信息和资料涉及：a. 项目方案的基本技术资料（包括项目的工艺方案、工艺技术流程、工艺设计说明书等）；b. 项目技术方案评价方面的资料（工艺技术水平的评价资料、项目技术装备先进性的说明资料等）。

⑤风险评估。该项评估所需的主要信息和资料涉及：a. 对于项目所处外部环境和内部环境不确定性的相关材料；b. 对于项目风险度量的标准和评价依据。

（5）制定评估指标和标准。

资料的收集和整理为项目评估提供了基本信息，在此基础上开展指标制定分析研究，是项目评估的基础。项目评估指标的确定是将抽象的评估内容进行具体化的关键环节，直接影响着项目评估质量。本部分主要指基于城市综合开发项目的决策全过程以及具体实施内容，制定评估的指标体系和评价标准。

评估指标的确定要基于对具体评估内容的全要素分析和识别，可以用因果分析图、德尔菲法等方式确定。城市综合开发项目评估指标的制定，应以可量化为目标，可适度增加定性的引导性指标，以实现对城市综合开发项目的开放评价与量化评价的相互结合。以定性的引导性指标引导生态文明制度体系建设，以量化指标约束城市综合开发项目的建设边界。

城市综合开发项目指标体系的遴选应充分体现基于生态文明体系的项目实施全要素和全过程，并具备多个逻辑层次，可以实现逐级递归分析，这样的评估指标体系既可以实现项目细分领域评估，又可以实现项目整体评估，实现微观评估与宏观评估的充分结合。

城市综合开发项目评价标准应充分体现生态文明体系的量化刚性约束，同时兼顾引导性指标的预期导向性。其评价标准量化值应体现项目所在地的经济社会发展特征，以严格的评价指标引导城市综合开发项目产业发展、城市功能建设以及生态环境建设。

（6）选择评估方法。

在确定了评估指标和相关标准后，就要对评估方法进行选择。由于本书所讨论的城市综合开发项目具有很强的专业性，因此为了确保评估结果的可靠性，本书主要是采用了专家调查法来开展各专项评估和综合评估。

（7）收集评估数据。

在制定了城市综合开发项目相关的评估指标体系和评估方法后，接下来的工作便是收集评估所需的各种数据。根据数据和信息的类型可以将其分为定性和定量两种，其中定性数据主要包括各种与项目相关的政策、法规和相关的技术说明文件等，这些信息主要用于评估者根据自己的经验、专业知识对项目的运行环境这样难于定量化的内容进行分析，然后进行评分，得出评估结论。而定性数据则主要涉及项目环保达标指标、污染物处理指标、项目财务和投资的相关数据、项目的相关技术参数等。对于这类定量数据的使用也分为两种情况，一种是通过对数据的处理和计算来得出一些具体指标，例如对项目净现值、项目内部收益率、项目投资回报率等指标的计算。而另一种则是通过对定量数据的对比和分析，得到某些定性的结论，例如通过对比分析项目环保相关指标和国家/行业的相关指标，来判断项目的环保效果是否达标，环保的效果如何等，或者通过对比相关的技术参数，来说明项目所采用技术的先进性。

（8）进行专项评估。

对于城市综合开发项目来说，目前要进行的专项评估内容主要包括环境影响评估、运行评估、经济评估、技术评估和风险评估等几个部分，但是其中的每一部分的评估又是由不同的内容组成，并且通过对这些具体内容的评估才能形成专项评估的结果。例如，在进行技术评估时，就分别要对技术的先进性、配套性和可行性等方面的内容进行评估，最终才能形成对项目技术的评估结果。

（9）进行综合评估。

这里所指的综合评估包括两方面的内容，一方面是要对每一专项评估的内容和指标进行综合评估，即对专项评估中不同指标的评估来综合得出专项评估的总体结论；而另一方面是指要对各专项评估的结果进行综合，得出最终的项目总体评估结论。

6.1.3 预评价方法分析

1）单体项目预评价方法

项目预评价的方法包括很多种类，其中可以分为定性评估和定量评估两种。有些专项评估有大量的定量评估指标存在，而另一些专项评估则主要是进行定性的判断。对于各专项评估来说，它们不仅是进行城市综合开发项目综合评估的必要基础和要素，同时它们也可以作为独立的结论为项目某方面的决策提供参考。因此，为了保证这些评估的科学性和有效性，本节将针对这些专项评估涉及的评估方法进行讨论。

对于城市综合开发项目运行环境评估、技术评估、环境影响评估和风险评估都主要采用了一种定性的评估方法，而这种方法的使用实际上是一种专家打分法。这种方法主要是根据所制定的项目专项评估指标体系，依据现有的资料和信息，让专家对项目采取打分的形式对项目的具体情况进行评价，然后将得分与所赋权重相乘和相加，由此得到项目的评估结果。而对于项目的财务评估，则主要是采取一种定量评估方法，即通过计算相关的财务指标，来对项目的经济情况进行评价。由于项目的财务评价指标和判断标准已在相关章节中进行了讨论，此处便不再赘述，而以下则主要对专家打分法进行说明。

所谓专家打分法，是指借用专家的经验和判断，通过先由专家打分，然后综合专家打分结果而给出评估结果的方法。其做法是首先对评估指标赋予权重，然后专家对城市综合开发项目的现状进行打分，然后通过将得分值和权重相乘得到相关指标的评分结果，进而通过累加的方式获得城市综合开发项目专项评估的结果。主要步骤如下。

（1）根据项目的具体情况，对指标体系中的每个指标赋权重，以表征其对项目某方面的影响程度。一个项目评估方面的全部评价指标的对应权重组成了一组权重，每组权重必须满足全组的权重和等于1的基本条件。而对于二级指标，其权重则为所属一级指标的权重乘以它对于一级指标的权重。

（2）确定评价各专家打分的权重值。由于每个指标都会由2～3个专家来进行评价，而不同的专家由于自身的专业知识、从业经验、掌握的资料以及判断能力的不同，得出的结论也不一样，这样就需要对专家的评分通过赋予权重值来加以处理。这种权重值主要取决于专家的专业知识水平、工作经验、判断能力及在专业资质等方面。

（3）专家评价。这一步骤主要是请专家根据项目的具体情况对相关的项目评估指标打分，本书主要采用的是按照从好到差，或从高到低的等级分布，分别以1.0、0.8、0.6、0.4和0.2来进行打分。

（4）在获得了专家打分的结果后，就要根据权重值对所有专家打分进行加权平均，之后再将这一计算结果与该指标的权重相乘，得到每一指标的评估结果。评估结果可以参考以下的标准来进行基本分析和判断：0～0.125，0.125～0.375，0.375～0.625，0.625～0.875，0.875～1，分别表示该指标从高到低、从优到劣的程度。

（5）进行专项评估结果的分析。在获得了以上的评估结果后，还需要就专项评估的结果进行一些分析，找出其中的问题、薄弱环节和风险因素，完整呈现城市综合开发项目在某一方面的情况，为决策者提供决策依据。

以上这种评估方法，是在综合了各专家经验后得出的，能较好地反映项目现实中的情况，与此同时，这种方法操作起来比较简单，没有复杂的计算，而且得出的结论也比较可靠，所以在现实中这种方法运用得也比较广泛。

2）**综合项目预评价方法**

以上所完成的城市综合开发项目专项评估结果仅是对城市综合开发项目某一方面的说明，并不能让项目决策者全面把握项目的情况，因此还需要对项目进行综合评估，提供具有整体性和完整性的评估结果，避免项目决策的失误。城市综合开发项目综合评估的具体步骤和方法如下。

（1）确定综合评估内容。在进行城市综合开发项目的综合评估时，首先需要确定项目需要综合评估的具体方面，因为每个项目都有自己的专业特点和评估重点，为了避免多余的工作和降低不必要指标的干扰，在进行城市综合开发项目综合评估时，要根据项目的情况去选定需要进行综合的那些项目专项评估，及具体项目需要综合评估的方面。对于本书中讨论的城市综合开发项目的评估，城市综合开发项目的技术、财务、环境影响和风险情况都是需要综合评估的项目具体方面。

（2）确定每个评估方面的各个具体评价指标。在明确了要进行综合评估的内容之后，就要对具体的评估指标进行选择和确定，这将直接影响到综合评估的结果。结合工程的特点制定其综合评估指标体系。

（3）确定项目评估方面各个评估指标的权重。在确定了项目综合评估指标体系之后就必须进一步按照项目实际情况给出各个指标对于项目综合评估的重要程度。这与前文中所述的项目专项评估的权重确定方法相类似，即一个项目评估方面的全部评价指标的对应权重组成了一组权重，每组权重必须满足全组的权重和等于1的基本条件。但值得注意的是，对于不同的项目来说，其项目的目的和项目的侧重点是不同的，所以评价指标的确定也是不同的，可以由专家在上述指标系统中选择。如所讨论的城市综合开发项目侧重于环保方面，对环保的相关评价就必须具有“一票否决”的作用，因此应当对这方面的指标赋予较高权重。

（4）对城市综合开发项目进行评价，并给出每一项指标的具体评价得分值。这需要使用前面讨论过的项目专项评估技术方法，即聘请业内专家根据前述的专项评估结果和相关的信息资料进行各个指标的打分，然后结合专家权重来进行得分的加权平均处理，最后得出综合评价的结论。

（5）对城市综合开发项目的综合评估结果进行分析和说明。这主要是针对定量化的城市综合开发项目综合评估结果进行分析，对城市综合开发项目今后将可能存在的问题、不确定性、各方面的总体情况和项目的整体发展状况进行说明，以便形成完整有效的项目决策依据。

3）**评价指标权重的确定**

通过以上对综合评估指标体系的说明，可以看出这一指标体系中所涉指标众多，且指标的内容十分丰富，因此要通过原有的层次分析法来实现对所有指标赋权是十分复杂的，因此建议可以给予层次分析法的基本思想，首先对子准则层赋权，进而再对各指标的权重进行计算。

（1）应用两两比较法构造子准则的判断矩阵。在指标确定的过程中，首先要对子准则层相对于准则层的相对重要性进行确定，而要实现这一目标的第一步就是构造子准则的判断矩阵。判断矩阵是以上层的某一要素作为判断标准，对下一层要素进行两两比较确定的元素值。对于子准则层的判断矩阵来说即是在准则层下进行子准则层中要素的相对重要度进行判断而得的矩阵。在进行比较时，参照两两比较法的标度来进行矩阵的构建。在明确了两两比较法的标度后，便可进行判断矩阵的构造，从而确定各子准则层的相对重要度，即完成了对子准则层的判断矩阵构建后，便要对子准则层中各要素的相对重要度，即它们对准则层的权重进行确定。在计算过程中，首先计算判断矩阵的特征向量，而后进行一致性判断。由于上述判断矩阵的构建中，重要性的判断主要是运用专家的隐性知识，因此不能完全精确地实现判断，只能对其进行估计，所以必须同时进行相容性和误差分析。估计误差必然会导致判断矩阵特征值的偏差，据此应定义相容性指标。通过前述方法计算后，便可以求出自准则层中各个指标相对于各自对应准则层的权重。

（2）应用两两比较法构造指标层的判断矩阵。对于指标层权重的制定，第一步便是应用两两比较法构造指标层的判断矩阵。其操作方法可参照采用两两比较法构造子准则层判断矩阵的方法，但是此时的重要性比较准则就将变为子准则层中的各准则，即在每个子准则层下进行指标间重要性的比较，从而再进行指标权重的确定。

（3）确定指标的相对子准则层的重要程度。同样地，在完成了判断矩阵的构造后，按照前述的子准则层的相对准则层的重要程度，便可以得出各个指标的相对子准则层的重要程度。

（4）确定指标的相对准则层的重要程度。在完成了指标相对项目子准则层中每个指标的重要度的判断后，便可以实现按要求对项目进行某一方面的专项评估，但此时还不能完成对项目的综合评估，因此还需要算出每一个指标相对项目准则的重要程度，即每个指标相对于项目总指标层的权重。

6.1.4　城市综合开发项目综合预评价体系运作流程

根据前述分析，将城市综合开发项目预评价体系的各个操作阶段进行模式化分析，其流程体系如图6－3所示。

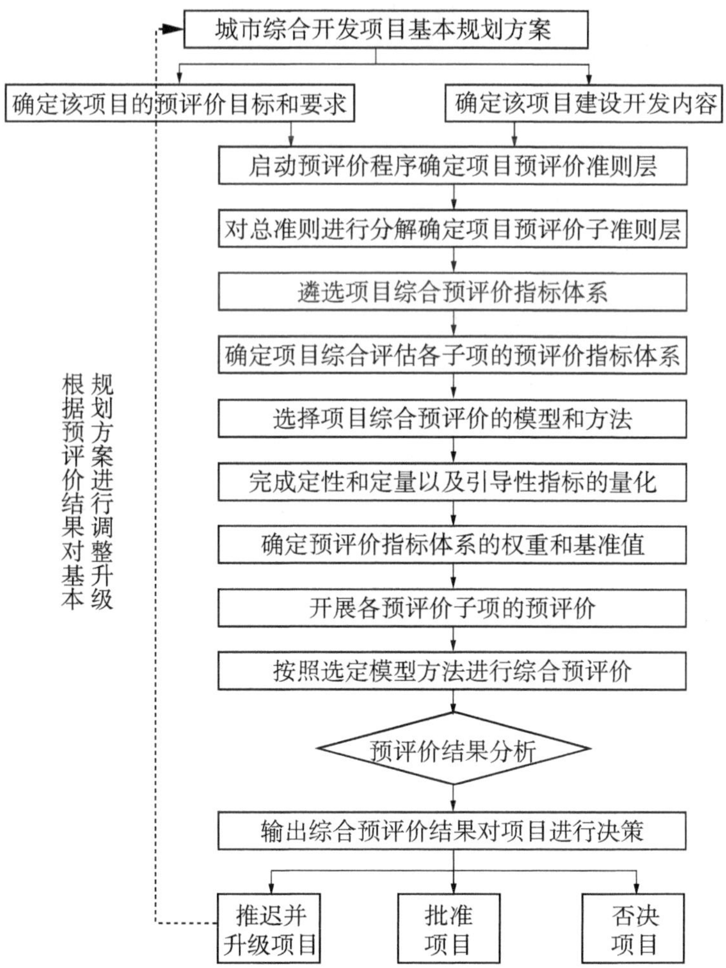

图6－3　城市综合开发项目预评价流程体系

预评价流程从城市综合开发项目基本规划策划方案着手，根据项目基本的上位规划情况以及项目的基本操作运作模式和思路，对初步的项目业态布局、功能定位、容积率、道路、市政场站点等规划类指标，以及对项目的运作模式、资本金构成、融资产品选择等项目策划基本方案，提取初步预评价的支撑性数据。

在项目整体的建设开发目标和愿景的指引下，确定预评价的各准则层以及各子项的子准则，结合前述的指标体系确定预评价采取的模型方法以及相关权重，进而开展城市综合开发项目的预评价工作。最后根据预评价的具体结果，对项目的决策提供定量以及定性的理论支撑。

综合预评价结果分为接受项目、推迟并升级项目以及拒绝项目三种。预评价结果为接受项目的，表示该城市综合开发项目在政治、经济、环境、技术以及项目整体运作等方面具备优越的发展条件，适合当前经济社会以及区域的总体发展，属于可以按照既定规划策划方案开展工作的项目。

综合预评价结果为推迟并升级项目的，表示项目尚不能达到既定目标，不能完全满足在政治、经济、环境、技术以及项目整体运作模式等领域的要求，但是在通过对既有规划方案以及项目策划方案进行优化调整升级以后，可以实现目标要求，也就是能够通过推迟时间完成升级后可行的项目。

综合预评价为否决项目的，表示项目完全不能达到既定目标要求，与当前的政策及区域、社会及经济发展方向相悖的项目。

6.2 本章小结

本章主要研究了城市综合开发项目的综合预评价方法及相关评价流程。完成了专项预评价及综合预评价的整体工作体系，分析确定了进行综合预评价的理论方法。同时基于城市综合开发项目的全过程分析，对项目预评价关键流程进行了模式化设计，提出了基于预评价结果的项目优化升级互馈预评价流程，从而实现了城市建设城市综合开发项目的模式化运作，为该类项目预评价工作的标准化与可视化奠定了理论基础。

7 结论与展望

7.1 主要结论

笔者系统梳理了生态文明建设体系，结合城市综合开发项目的项目集群，提出了项目的生态文明建设要点，并结合建设要点构建了该类项目的生态文明规划设计理念，建立了基于生态文明体系的城市综合开发项目建设指标目标体系。通过深入研究城市综合开发项目的特性，给出了该类项目的全过程、全要素及全周期开发建设要素模型，形成了该类项目完整的独特性分析。基于生态文明体系中关于可持续发展与城市承载力的相关理论，对项目评估理论进行了拓展性研究，提出并建立了该类项目在决策阶段要进行的项目预评价理论体系。该预评价理论体系、指标体系以及项目预评价方法可以实现对城市综合开发项目在决策阶段进行全要素评估，以确保城市综合开发项目全面落实生态文明建设指标目标体系，其预评价结论将直接支撑项目决策，并可基于预评价结果反馈修正相关方案，实现投资效益最大化。作为项目评估的前向延伸，项目预评价丰富了项目管理的内涵和外延，使得项目评估理论充分发挥了事前控制的功能。主要形成如下结论：

（1）所提出的城市综合开发项目生态文明建设要点以及设计理念符合项目建设要求，可以用来指导城市综合开发项目的规划建设。建立的基于生态文明体系的城市综合开发项目指标目标体系为该类项目的建设提出了量化目标，可以确保该类项目建设全面落实国家生态文明建设要求，并为后续评价工作提供基础支撑。

（2）所构建的城市综合开发项目预评价理论体系全面和准确地反映了该类项目在各个阶段以及各种要素的不同特性，可以与项目过程评估以及项目后评估科学合理的指导决策者对该类项目的社会、经济、环境、政治、技术等环节进行有效评价，从而实现项目投资决策的科学化和标准化，促使该类型项目获得最大化效益以及最合理策划。

（3）基于生态文明视角，立足可持续发展与城市承载力理论，提出了适用于该类项目的预评价指标体系，形成了全面系统的预评价方法，实现了对城市综合开发项目决策阶段从宏观环境到微观环境过程的全面评价。所提出的该类项目预评价指标体系可选择性强，指标设置可以满足不同利益相关者对项目各方面的预评价，具备较高的实用价值。

（4）根据项目实施阶段主要影响因素所研究提炼出的 10 大类、46 个实施引导性指标，可以有效控制和调节项目的规划方案，具有很好的可操作性。通过对实施引导性指标开展项目预评价，可有效提升项目运作主体在投资决策阶段，对土地整理、项目组织及运营管理、项目融资、各建设子项的建设开发计划等领域策划方案的管控能力。通过对实施引导性指标的不断调整，实现项目投资、建设、运营等领域的策划方案达到最优化。

（5）所提出的专项及综合预评价办法可以有效完成对城市综合开发项目各阶段的预评价，从而得到整体项目的专项以及综合评估结果。所设计的城市综合开发项目预评价体系模式化流程，科学合理地将预评价工作可视化和标准化，确保该类项目的建设开发实现量化决策，并在一定程度上提高该类项目预评价体系的工作效率。

7.2 研究展望

虽然笔者立足生态文明视角对城市综合开发项目预评价工作进行了深入系统的研究，取得了一些研究成果，但由于该类项目本身的高度复杂性以及各子项之间的高度耦连性，同时项目决策阶段预评价存在较多不稳定性，其评估机理尚没有得到准确的把握，使得这一领域的研究还非常艰辛和漫长。基于前期取得的科研成果，提出如下需要进一步开展的科研工作：

（1）生态文明建设已经纳入国家宪法，生态文明体制机制改革和重点任务在今后一段时间将获得更快发展，生态文明的内在要求标准也将日益提升。已经建立的城市综合开发项目生态文明建设要点，应及时适应新建设任务，所建立的指标目标体系也需要不断地完善和提高，需要进一步研究该类项目生态文明建设要点和指标目标体系的可扩展性和开放性。

（2）建立涵盖项目预评价、项目过程评估、项目后评估的全过程综合评估体系。基于生态文明建设指标目标，以区域可持续发展和城市承载力为主线，继续完善涵盖项目全过程的全生命周期项目评估理论及体系。研究对项目开发建设全过程开展综合量化评价，提升全过程管控的可操作性。

（3）对城市综合开发项目的预评价工作，应进一步研究标准化流程，研究制定标准化预评价流程的实施细则。结合模式化流程体系，研究开发项目预评价类软件产品，提高该类项目的投资决策效率，从而提升整体项目评估水平。

（4）继续深入研究城市综合开发项目的预评价方法，挖掘新的确定指标权重方法，实现与传统方法的互补与互相验证，提高该类项目预评价的准确性和科学性。结合项目主要功能细化预评价指标体系，对指标体系的结构进行优化，实现指标体系良好的可复制性与可操作性。

附　录

附录Ⅰ　第一批国家生态文明先行示范区建设方案（试行）

根据《国务院关于加快发展节能环保产业的意见》（国发〔2013〕30号）关于在全国范围内选择有代表性的100个地区开展国家生态文明先行示范区建设，探索符合我国国情的生态文明建设模式的要求，为做好国家生态文明先行示范区建设，制定本方案。

一、充分认识开展国家生态文明先行示范区建设的重要意义

建设生态文明，关系人民福祉、关乎民族未来。党的十八大对生态文明建设作出了战略部署，要求把生态文明建设放在突出地位，融入经济建设、政治建设、文化建设、社会建设各方面和全过程，努力建设美丽中国。十八届三中全会要求紧紧围绕建设美丽中国深化生态文明体制改革，加快建立生态文明制度，健全国土空间开发、资源节约利用、生态环境保护的体制机制，推动形成人与自然和谐发展现代化建设新格局。当前，我国生态文明建设总体滞后于经济社会发展，现有法律、制度、政策尚不适应生态文明建设的要求，落实不够严格，全社会生态文明意识也亟待加强。选取不同发展阶段、不同资源环境禀赋、不同主体功能要求的地区开展生态文明先行示范区建设，总结有效做法，创新方式方法，探索实践经验，提炼推广模式，完善政策机制，以点带面地推动生态文明建设，对于破解资源环境瓶颈制约，加快建设资源节约型、环境友好型社会，不断提高生态文明水平，具有重要的意义和作用。

二、总体要求和主要目标

（一）总体要求。

把生态文明建设放在突出的战略地位，按照"五位一体"总布局要求，推动生态文明建设与经济、政治、文化、社会建设紧密结合、高度融合，以推动绿色、循环、低碳发展为基本途径，以体制机制创新激发内生动力，以培育弘扬生态文化提供有力支撑，结合自身定位推进新型工业化、新型城镇化和农业现代化，调整优化空间布局，全面促进资源节约，加大自然生态系统和环境保护力度，加快建立系统完整的生态文明制度体系，形成节约资源和保护环境的空间格局、产业结构、生产方式、生活方式，提高发展的质量和效益，促进生态文明建设水平明显提升。

（二）主要目标。

通过5年左右的努力，先行示范地区基本形成符合主体功能定位的开发格局，资源循环利用体系初步建立，节能减排和碳强度指标下降幅度超过上级政府下达的约束性指标，资源产出率、单位建设用地生产总值、万元工业增加值用水量、农业灌溉水有效利用系数、城镇（乡）生活污水处理率、生活垃圾无害化处理率等处于全国或本省（市）前列，城镇供水水源地全面达标，森林、草原、湖泊、湿地等面积逐步增加、质量逐步提高，水土流失和沙化、荒漠化、石漠化土地面积明显减少，耕地质量稳步提高，物种得到有效保护，覆盖全社会的生态文化体系基本建立，绿色生活方式普遍推行，最严格的耕地保护制度、水资源管理制度、环境保护制度得到有效落实，生态文明制度建设取得重大突破，形成可复制、可推广的生态文明建设典型模式。

三、主要任务

（一）科学谋划空间开发格局。加快实施主体功能区战略，严格按照主体功能定位发展，合理控制开发强度，调整优化空间结构，进一步明确市县功能区布局，构建科学合理的城镇化格局、农业发展格局、生态安全格局。科学划定生态红线，推进国土综合整治，加强国土空间开发管控和土地用途管制。将生态文明理念融入城镇化的各方面和全过程，分类引导不同主体功能区的城镇化进程，走以人为本、集约高效、绿色低碳的新型城镇化道路。

（二）调整优化产业结构。进一步明确产业发展方向和重点，加快发展现代服务业、高技术产业和节能环保等战略性新兴产业，改造提升优势产业，做好化解产能过剩工作，大力淘汰落后产能。调整优化能源结构，控制煤炭消费总量，因地制宜加快发展水电、核电、风电、太阳能、生物质能等非化石能源，提高可再生能源比重。严格落实项目节能评估审查、环境影响评价、用地预审、水资源论证和水土保持方案审查等制度。

（三）着力推动绿色循环低碳发展。以节能减排、循环经济、清洁生产、生态环保、应对气候变化等为抓手，设置科学合理的控制指标，大幅降低能耗、碳排放、地耗和水耗强度，控制能源消费总量、碳排放总量和主要污染物排放总量，严守耕地、水资源，以及林草、湿地、河湖等生态红线，大力发展绿色低碳技术，优化改造存量，科学谋划增量，切实推动绿色发展、循环发展、低碳发展，加快转变发展方式，提高发展的质量和效益。

（四）节约集约利用资源。加强生产、流通、消费全过程资源节约，推动资源利用方式根本转变。在工业、建筑、交通运输、公共机构等领域全面加强节能管理，大幅提高能源利用效率。推进土地节约集约利用，推动废弃土地复垦利用。实行最严格水资源管理制度，落实水资源开发利用控制、用水效率控制、水功能区限制纳污三条红线，加快节水改造，大力推动农业高效节水，建设节水型社会。加快建设布局合理、集约高效、生态优良的绿色矿山。大力发展循环经济，推动园区循环化改造，开发利用“城市矿产”，发展再制造，做好大宗固体废弃物、餐厨废弃物、农村生产生活废弃物、秸秆和粪污等资源化利用，构建覆盖全社会的资源循环利用体系。

（五）加大生态系统和环境保护力度。实施重大生态修复工程，推进荒漠化、沙化、石漠化、水土流失等综合治理。加强自然生态系统保护，扩大森林、草原、湖泊、湿地面积，保护生物多样性，增强生态产品生产能力。以解决大气、水、土壤等污染为重点，加强污染综合防治，实现污染物减排由总量控制向环境质量改善转变。控制农业面源污染，开展农村环境综合整治，加强耕地质量建设。加强防灾减灾体系建设，提高适应气候变化能力。

（六）建立生态文化体系。倡导尊重自然、顺应自然、保护自然的生态文明理念，并培育为社会主流价值观。加强生态文明科普宣传、公共教育和专业培训，做好生态文化与地区传统文化的有机结合。倡导绿色消费，推动生活方式和消费模式加快向简约适度、绿色低碳、文明健康的方式转变。

（七）创新体制机制。把资源消耗、环境损害、生态效益等体现生态文明建设的指标纳入地区经济社会发展综合评价体系，大幅增加考核权重，建立领导干部任期生态文明建设问责制和终身追究制。率先探索编制自然资源资产负债表，实行领导干部自然资源资产和资源环境离任审计。树立底线思维，实行最严格的资源开发节约利用和生态环境保护制度。在自然资源资产产权和用途管制，能源、水、土地节约集约利用，资源环境承载能力监测预警，生态环境损害赔偿、生态补偿、生态服务价值评价、分类差异化考核等制度建设，以及节能量、碳排放权、水权、排污权交易、环境污染第三方治理等市场化机制建设方面积极探索，力争取得重要突破。

（八）加强基础能力建设。强化生态文明建设统筹协调，形成工作合力，加强统计、监测、标准、执法等基础能力建设。

申报地区可结合自身资源环境特点和生态文明建设基础，调整和增加体现地方特色的发展任务，作为建设先行示范区的努力方向。

四、组织实施

（一）申报条件。

1. 对生态文明建设高度重视，将其放在突出的战略位置，突出生态文明建设与经济、政治、文化、社会建设的深度融合，重在文明建设，建立起推进生态文明建设的组织协调机制。

2．在体制机制建设、管理制度创新等方面进行了探索实践，具备一定先行示范的基础。鼓励与现行节能减排、循环经济、生态环保等生态文明相关试点示范相结合。

3．“十一五”期间完成节能减排、耕地保有量、森林覆盖率等资源环境类约束性目标，“十二五”以来单位GDP能耗、碳排放强度、主要污染物排放总量、万元工业增加值用水量完成年度和进度目标任务；近年来未发生重大环境污染或生态破坏事件。

4．认真落实全国主体功能区规划，在主体功能区建设方面取得一定成效并具有示范作用。

5．申报地区不局限于辖区范围大小，工作要有特色、亮点，具有辐射带动作用和推广价值。

（二）审核批准。

省、市、区、县自愿申报，有关地区也可按流域、区域等联合申报，编制《生态文明先行示范区建设实施方案》（以下简称《实施方案》）。本行政区域申报为生态文明先行示范区的，其下辖地区不再申报。

省级发展改革委会同财政、国土、水利、农业、林业等部门对申报地区《实施方案》进行论证，根据申报条件、建设目标体系（见附表）等对申报地区进行初步审查，报经省级人民政府同意后，上报国家发展改革委，同时抄报财政部、国土资源部、水利部、农业部、国家林业局。

国家发展改革委会同财政部、国土资源部、水利部、农业部、国家林业局等部门，组织专家对申报地区《实施方案》进行评审，在对通过评审的地区进行公示基础上，批复《实施方案》并确定为国家生态文明先行示范区。

（三）方案实施。

先行示范地区要对批复的《实施方案》作进一步完善深化，认真抓好各项工作落实，确保完成目标任务。国家发展改革委、财政部、国土资源部、水利部、农业部、国家林业局要加强对建设地区工作的指导，在政策、资金、项目等方面给予支持。对先行示范区建设，中央财政按照现有各项有关政策优先予以支持。

（四）考核评价。

国家发展改革委会同财政部、国土资源部、水利部、农业部、国家林业局等相关部门，定期组织专家对先行示范区开展监督检查和评估。建设期满后开展验收考核，验收考核不合格的，取消其建设资格。验收考核办法由国家发展改革委会同财政部、国土资源部、水利部、农业部、国家林业局等部门另行制定。

（五）总结推广。

总结生态文明建设的成功经验，凝练有效模式，树立先进典型，在全国范围内进行宣传推广。

附表：第一批国家生态文明先行示范区建设目标体系

类别	指标名称		单位	指标值		
				基本值	目标值	变化率
经济发展质量	1	人均 GDP	万元			
	2	城乡居民收入比例	—			
	3	三次产业增加值比例	—			
	4	战略性新兴产业增加值占 GDP 比重	%			
	5	农产品中无公害、绿色、有机农产品种植面积比例	%			
资源能源节约利用	6	国土开发强度	%			
	7	耕地保有量	万公顷			
	8	单位建设用地生产总值	亿元/平方千米			
	9	用水总量	亿立方米			
	10	水资源开发利用率	%			
	11	万元工业增加值用水量	吨水			
	12	农业灌溉水有效利用系数	—			
	13	非常规水资源利用率	%			
	14	GDP 能耗	吨标准煤/万元			
	15	GDP 二氧化碳排放量	吨/万元			
	16	非化石能源占一次能源消费比重	%			
	17	能源消费总量	万吨标准煤			
	18	资源产出率	万元/吨			
	19	矿产资源三率（开采回采、选矿回收、综合利用）	%			

续表

类别	指标名称		单位	指标值		
				基本值	目标值	变化率
资源能源节约利用	20	绿色矿山比例				
	21	工业固体废物综合利用率	%			
	22	新建绿色建筑比例	%			
	23	农作物秸秆综合利用率	%			
	24	主要再生资源回收利用率	%			
生态建设与环境保护	25	林地保有量	万公顷			
	26	森林覆盖率	%			
	27	森林蓄积量	万立方米			
	28	草原植被综合盖度	%			
	29	湿地保有量	万公顷			
	30	禁止开发区域面积	万公顷			
	31	水土流失面积	万公顷			
	32	新增沙化土地治理面积	万公顷			
	33	自然岸线保有率	%			
	34	人均公共绿地面积	平方米			
	35	主要污染物排放总量	万吨			
	36	空气质量指数（AQI）达到优良天数占比	%			
	37	水功能区水质达标率	%			
	38	城镇（乡）供水水源地水质达标率	%			
	39	城镇（乡）污水集中处理率	%			
	40	城镇（乡）生活垃圾无害化处理率	%			

续表

类别	指标名称		单位	指标值		
				基本值	目标值	变化率
生态文化培育	41	生态文明知识普及率	%			
	42	党政干部参加生态文明培训的比例	%			
	43	公共交通出行比例	%			
	44	二级及以上能效家电产品市场占有率	%			
	45	节水器具普及率	%			
	46	城区居住小区生活垃圾分类达标率	%			
	47	有关产品政府绿色采购比例	%			
体制机制建设	48	生态文明建设占党政绩效考核的比重	%			
	49	资源节约和生态环保投入占财政支出比例	%			
	50	研究与试验发展经费占GDP比重	%			
	51	环境信息公开率	%			

注：1. 建设地区可结合本地区实际和主体功能定位要求，适当增减指标，可以有申报地区的特色指标。

2. 人均GDP指标不适用于限制开发区、禁止开发区。

部分指标解释：

1. 战略性新兴产业增加值占GDP比重：指该地区战略性新兴产业增加值占地区生产总值的比例。参考《战略性新兴产业分类目录》。

2. 资源产出率：指单位资源实物消费量所产出的地区生产总值（按不变价计算）。我国纳入统计范围的资源种类为煤炭、石油、天然气、铁矿、铜矿、铝土矿、铅矿、锌矿、镍矿，石灰石、磷矿、硫铁矿、木材和工业用粮等共14种。

3. 国土开发强度：指建设用地面积与该地区总面积之比。

4. 水资源开发利用率：指流域或区域用水量占水资源总量的比例。

5. 非常规水资源利用率：指再生水、海水、雨水、矿井水、苦咸水等非常规水资源利用总量与城市用水总量的比例。

6. 矿产资源开采回采率、矿产资源选矿回收率、矿产资源综合利用率：参考《矿产资源节约与综合利用指标评价体系（试行）》，计算范围为铁、铜、铅、锌、稀土、萤石、钾盐7

个矿种。

7. 主要再生资源回收利用率：指主要再生资源回收利用量占产生量的比重。主要再生资源包括：废旧金属、废旧电器电子产品、废纸、废塑料、废弃轮胎、废旧木材、废旧纺织品、废玻璃、废陶瓷。

8. 草原植被综合盖度：指草原植物群落总体或各个体地上部分的垂直投影面积与样方面积的百分比。

9. 空气质量指数（AQI）达到优良天数占比：指该地区空气质量指数（AQI）达到优良的天数占全年天数的比例。空气质量指数（AQI）计算方法参考《空气质量指数（AQI）技术规范（试行)》。

10. 节水器具普及率：指该地区内销售的具有“节水产品认证”标识的用水器具数量与同类用水器具销售总数量的比例。

11. 生态文明知识普及率：群众对能源资源节约、生态环境保护、生态伦理道德、生态文化等生态文明知识的掌握程度。通过问卷调查获取的指标值，以知晓人员数量占抽查人数的比例表示。

12. 党政干部参加生态文明培训的比例：指参加生态文明专题培训的党政干部人数与干部总人数的比重。

13. 生态文明建设占党政绩效考核的比重：指地方政府党政干部绩效考核评分标准中生态文明建设工作所占的比例。

14. 资源节约和生态环保投入占财政支出比例：指用于资源节约利用、循环经济发展、环境污染防治、生态环境保护建设的支出占当年该地区地方财政支出的比例。

15. 环境信息公开率：指政府主动信息公开和企业强制性信息公开的比例，环境信息包括政府环境信息和企业环境信息。参考《环境信息公开办法（试行)》。

附录Ⅱ　第二批国家生态文明先行示范区建设方案

根据《中共中央国务院关于加快推进生态文明建设的意见》（中发〔2015〕12号）、《国务院关于加快发展节能环保产业的意见》（国发〔2013〕30号）关于开展生态文明先行示范区建设的要求，为做好第二批生态文明先行示范区建设工作，制定本方案。

一、充分认识开展生态文明先行示范区建设工作的重要意义

生态文明建设是中国特色社会主义事业的重要内容，事关“两个一百年”奋斗目标、中华民族伟大复兴中国梦的实现。党中央、国务院就此作出系列重大决策部署，推动我国生态文明建设取得了积极进展。但总体上我国生态文明建设仍滞后于经济社会发展，资源约束趋紧、环境污染严重、生态系统退化，生态文明体制机制不够健全，已成为经济社会可持续发展的制约瓶颈、全面建成小康社会的短板。党中央、国务院对生态文明建设高度重视，印发实施《关于加快推进生态文明建设的意见》，对生态文明建设进行全面部署。加强生态文明建设顶层设计与地方实践相结合，选取不同发展阶段、不同资源环境禀赋、不同主体功能定位的地区开展先行先试、探索有效模式，并及时总结地方生态文明建设典型经验和制度成果，为生态文明体制改革和制度建设提供决策参考，对于破解资源环境瓶颈约束、走出人与自然和谐发展现代化建设新路子，以点带面推动全国生态文明建设，具有重要意义。

二、总体要求和主要目标

（一）总体要求。

把生态文明建设放在突出的战略地位，坚持“绿水青山就是金山银山”的基本理念，以健全生态文明制度体系为重点，以推动绿色循环低碳发展为基本途径，以培育生态文明主流价值观为有力支撑，推动生态文明建设与经济、政治、文化、社会建设高度融合，协同推进新型工业化、信息化、城镇化、农业现代化和绿色化，着力优化国土空间开发格局，全面促进资源节约，加大自然生态系统和环境保护力度，形成节约资源和保护环境的空间格局、产业结构、生产方式、生活方式，推动生态文明建设水平处于全国前列。

（二）主要目标。

通过3～5年左右的努力，先行示范地区基本形成符合主体功能定位的国土空间开发与保护格局，经济绿色化程度大幅提高，资源循环利用体系初步建立，水资源、建设用地、能源（重点是煤炭）消费（耗）总量得到有效控制，非化

石能源占一次能源消费比重明显提高，节能减排和碳强度指标下降幅度超过上级政府下达的约束性指标，资源产出率、单位建设用地生产总值、万元工业增加值用水量、农业灌溉水有效利用系数、城镇（乡）污水处理率、生活垃圾无害化处理率等处于全国或本省（区、市）前列，大气、水、土壤环境质量有效改善，森林、草原、河流、湖泊、湿地等面积逐步增加、质量逐步提高，水土流失和沙化、荒漠化、石漠化土地面积明显减少，耕地面积基本稳定，永久基本农田面积不减少、质量有所提高，物种资源得到有效保护，重点治理地区生态环境实现良性循环，生态文明成为社会主流价值观，覆盖全社会的生态文化体系基本建立，绿色生活方式普遍推行，最严格的耕地保护制度、水资源管理制度、生态环境保护管理制度得到有效落实，符合本地区特点的生态文明制度建设取得重大突破、系统完整的制度体系基本建立，形成可复制、可推广的生态文明建设有效模式。

三、主要任务

（一）优化国土空间开发格局。全面落实主体功能区规划，健全财政、投资、产业、土地、人口、环境等配套政策措施和各有侧重的绩效考核评价体系，推进市县层面加快落实主体功能定位，科学合理布局生产空间、生活空间、生态空间，加快推进国土综合整治。推动城镇化绿色发展，加快建设美丽乡村。科学谋划海洋开发与保护格局。

（二）调整产业结构和促进科技进步。进一步明确产业发展方向及重点，加快构建科技含量高、资源消耗低、环境污染少的产业结构，积极化解产能严重过剩矛盾，合理布局建设基础设施和基础产业。调整优化能源结构，控制煤炭消费总量，因地制宜发展新能源和可再生能源，提高可再生能源比重。加快生态文明领域科技创新和先进适用技术应用。完善落实项目环境影响评价、节能评估审查、用地预审、水资源论证和水土保持方案审查等制度。

（三）节约循环高效利用资源。坚持节约优先方针，推动资源利用方式根本转变，全面提高资源利用效率。深入推进工业、建筑、交通运输、农业农村、商业流通、公共机构等重点领域节能减排。强化土地节约集约利用。落实最严格水资源管理制度。加快建设绿色矿山，提高矿产资源开采回采率、选矿回收率和综合利用率。在生产、流通、消费等各环节大力发展循环经济，加快构建覆盖全社会的资源循环利用体系。

（四）加大自然生态系统和环境保护力度。树立改善生态环境质量的工作导向，实施生态修复工程，扩大森林、草原、河湖、湿地面积，提高沙区、草原植被覆盖率，推进风沙源、石漠化、水土流失、损毁农田等综合治理，加强生物多样性保护。建立以保障人体健康为核心、以改善环境质量为目标、以防控环境风险为基线的环境管理体系，强化大气、水、土壤污染等突出环境问题治理，健全环境风险防范机制，加强城乡环境基础设施建设，按照海绵城市建设要求推动新城开发和旧城改造。控制温室气体排放，提高适应气候变化水平，健全防灾减灾体系建设。

（五）推动绿色循环低碳发展。加快推动产业结构、生产方式向绿色、循环、低碳方向转变，大力推进生产方式绿色化，着力提升经济绿色化程度。对经济存量，运用先进适用节能环保低碳技术实施改造升级。对经济增量，提高产业准入的能耗、水耗、地耗、环保等标准，大力发展节能环保、新能源、生态有机农林业等绿色产业。加快建立循环型工业、农业、服务业体系，推进产业循环式组合，促进生产和生活系统的循环链接。

（六）建立生态文化体系。弘扬生态文明主流价值观，把生态文明纳入社会主义核心价值体系。挖掘本地区优秀传统生态文化，加强与生态文明理念的有机结合。强化生态文明科学、法律知识宣传，将生态文明纳入基础教育、职业教育和党政干部教育培训体系。广泛开展节俭养德全民节约行动。推动生活方式绿色化，在衣、食、住、行、游等方面，加快向勤俭节约、绿色低碳、文明健康的方向转变。

（七）加强基础能力建设。强化生态文明建设统筹协调，建立科学、规范、高效的推进机制，形成工作合力。坚持问题导向、狠抓薄弱环节，加强统计、监测、标准、执法等基础能力建设。

（八）实施重点工程。组织实施生态文明重点工程建设，包括节能、节水、循环经济、综合利用等资源节约循环高效利用项目，重大技术产业化、节能环保产业发展等产业结构优化调整项目，城乡污水垃圾处理设施和大气、水、土壤污染防治等环境治理项目，城乡供排水、供热、供气等基础设施改造项目，海绵城市建设项目，以及山水林田路综合治理项目等，并附项目清单和投资测算。

四、制度建设重点

有关地区要结合实际，围绕制约本地区生态文明建设的瓶颈制约，将体制改革和制度建设作为推进生态文明先行示范区建设的重中之重，在制度建设与创新方面大胆探索、先行先试，突出亮点、注重实效，力争取得重大突破。

制度建设重点包括但不限于以下：一是完善生态文明建设法治体系，加快标准体系建设。二是健全自然资源资产产权制度和用途管制制度，对各类自然生态空间进行统一确权登记；划定生产、生活、生态空间开发管制界限，严格用途管制。三是落实主体功能区制度，健全配套政策措施，严格按照主体功能定位推动发展。四是推动经济社会发展、城乡、土地利用、生态环境保护等规划“多规合一”，探索建立空间规划体系。五是严守资源、环境、生态红线，探索建立资源环境承载能力监测预警机制。六是建立健全生态保护补偿机制，完善地区转移支付制度，探索横向补偿方式。七是完善污染物排放许可制，实行企事业单位污染物排放总量控制制度，加强数字减排与环境质量改善的衔接。八是完善有利于生态文明建设的价格、财税、金融等经济政策，实行资源有偿使用制度。九是推行节能量、碳排放权、水权、排污权交易，以及节能发电调度、环境污染第三方治理等市场化机制。十是建立健全体现生态文明建设要求的政绩考核、责任追究制度，探索编制自然资源资产负债表，实行领导干部自然资源资产和环境责任离任审计，建立生态环境损害赔偿制度。

五、组织实施

（一）申报条件。

1. 申报地区党委、政府对生态文明建设高度重视，将其放在突出的战略位置，突出生态文明建设与经济、政治、文化、社会建设的深度融合，突出人与自然和谐，建立起推进生态文明建设的组织协调机制。

2. 在体制机制建设、管理制度创新等方面进行了探索实践，具备一定先行示范的基础。可结合自身资源环境禀赋、经济社会发展阶段和生态文明建设基础，调整和增加体现地方特色的工作任务，作为建设先行示范区的努力方向。

3. “十二五”以来单位 GDP 能耗、碳排放强度、主要污染物排放总量、万元工业增加值用水量下降完成年度和进度目标任务，能够确保实现资源环境领域“十二五”约束性目标；近 3 年未发生重大环境污染或生态破坏事件。

4. 建设目标要体现先进性，指标设置具备工作基础，可监测、可计量。申报地区要认真研究论证、细化工作措施，确保先行示范目标实现。

5. 为避免多头申报和确保工作效果，已开展冠以“生态文明”试点示范的地区，本次不再申报先行示范区建设。鼓励与现行节能减排、循环经济、生态环保、新型城镇化、“两型”社会建设等相关试点示范相结合。

6. 申报地区不局限于辖区范围大小，先行示范工作特别是制度建设要有特色、亮点，要具有辐射带动作用和推广价值。

（二）论证办法。

有关地区自愿申报，也可结合国家重大战略跨行政区域、按流域或自然地理区域组织申报，编制《生态文明先行示范区建设实施方案》（以下简称《实施方案》）。本行政区域申报生态文明先行示范区的，其下辖地区不再申报。

有关省（区、市）、计划单列市、新疆生产建设兵团发展改革委会同财政、国土、住建、水利、农业、林业等部门对申报地区《实施方案》进行论证，根据申报条件、目标体系（见附表）等对申报地区进行初步评议，报经省级人民政府同意后（计划单列市、新疆生产建设兵团可单独上报），将申报文件和《实施方案》上报国家发展改革委，同时抄报财政部、国土资源部、住房城乡建设部、水利部、农业部、国家林业局。

国家发展改革委会同财政部、国土资源部、住房城乡建设部、水利部、农业部、国家林业局等部门，对申报地区《实施方案》进行论证、公示第二批先行示范区名单的基础上，批复《实施方案》。

（三）方案实施。

先行示范地区要对批复的《实施方案》作进一步完善深化，认真组织实施、制定细化方案，确保完成各项目标任务，努力形成符合我国国情、地区实际的生态文明建设有效模式。国家发展改革委、财政部、国土资源部、住房城乡建设部、水利部、农业部、国家林业局要加强对先行示范区建设工作的指导，在政策、资金、项目以及制度建设等方面给予支持。对先行示范区建设，中央财政按照现有各项有关政策优先予以支持。

（四）跟踪评估。

国家发展改革委会同财政部、国土资源部、住房城乡建设部、水利部、农业部、国家林业局等有关部门，定期组织专家对先行示范区开展跟踪、评估。评估办法由国家发展改革委会同财政部、国土资源部、住房城乡建设部、水利部、农业部、国家林业局等部门另行制定。

（五）总结推广。

有关省（区、市）和新疆生产建设兵团要及时报送先行示范区建设工作进展，特别是制度建设有关信息，并于每年12月10日前形成年度总结，报送国家发展改革委等有关部门。国家发展改革委会同财政部、国土资源部、住房城乡建设部、水利部、农业部、国家林业局等有关部门，及时总结生态文明建设的成功经验，凝练有效模式，树立先进典型，在全国范围内进行宣传推广。

附表：第二批国家生态文明先行示范区建设目标体系

类别	序号	指标名称	单位	指标值 基本值	目标值	变化率
经济发展质量	1	人均 GDP	万元			
	2	城乡居民收入比例	—			
	3	三次产业增加值比例	—			
	4	战略性新兴产业增加值占 GDP 比重	%			
	5	农产品中无公害、绿色、有机农产品种植面积比例	%			
资源能源节约利用	6	国土开发强度	%			
	7	耕地保有量	万公顷			
	8	基本农田保护面积	万公顷			
	9	单位建设用地生产总值	亿元/平方千米			
	10	用水总量	亿立方米			
	11	水资源开发利用率	%			
	12	万元工业增加值用水量	吨水			
	13	农业灌溉水有效利用系数	—			
	14	非常规水资源利用率	%			
	15	GDP 能耗	吨标准煤/万元			
	16	GDP 二氧化碳排放量	吨/万元			
	17	非化石能源占一次能源消费比重	%			
	18	能源消费总量	万吨标准煤			
	19	资源产出率	万元/吨			
	20	矿产资源三率（开采回采、选矿回收、综合利用）	%			
	21	新增绿色矿山提高率	—			
	22	工业固体废物综合利用率	%			
	23	新建绿色建筑比例	%			
	24	农作物秸秆综合利用率	%			
	25	主要再生资源回收利用率	%			

续表

类别	指标名称		单位	指标值		
				基本值	目标值	变化率
生态建设与环境保护	26	林地保有量	万公顷			
	27	森林覆盖率	%			
	28	森林蓄积量	万立方米			
	29	草原植被综合盖度	%			
	30	湿地保有量	万公顷			
	31	禁止开发区域面积	万公顷			
	32	河湖水域面积	万公顷			
	33	水土流失面积	万公顷			
	34	新增沙化土地治理面积	万公顷			
	35	自然岸线保有率	%			
	36	人均公园绿地面积	平方米			
	37	主要污染物排放总量	万吨			
	38	空气质量指数（AQI）达到优良天数占比	%			
	39	水功能区水质达标率	%			
	40	城镇（乡）供水水源地水质达标率	%			
	41	城镇（乡）污水集中处理率	%			
	42	城镇（乡）生活垃圾无害化处理率	%			
生态文化培育	43	生态文明知识普及率	%			
	44	党政干部参加生态文明培训的比例	%			
	45	公共交通出行比例	%			
	46	二级及以上能效家电产品市场占有率	%			
	47	节水器具普及率	%			
	48	城区居住小区生活垃圾分类达标率	%			
	49	有关产品政府绿色采购比例	%			

续表

类别	指标名称		单位	指标值		
				基本值	目标值	变化率
体制机制建设	50	生态文明建设占党政绩效考核的比重	%			
	51	研究与试验发展经费占 GDP 比重	%			
	52	环境信息公开率	%			

注：1. 建设地区可结合本地区实际，在相应部分适当增减指标，可以有申报地区的特色指标。

2. 人均 GDP 指标不适用于限制开发区域、禁止开发区域。

附录Ⅲ　生态文明建设目标评价考核办法

第一章　总　则

第一条　为了贯彻落实党的十八大和十八届三中、四中、五中、六中全会精神，加快绿色发展，推进生态文明建设，规范生态文明建设目标评价考核工作，根据有关党内法规和国家法律法规，制定本办法。

第二条　本办法适用于对各省、自治区、直辖市党委和政府生态文明建设目标的评价考核。

第三条　生态文明建设目标评价考核实行党政同责，地方党委和政府领导成员生态文明建设一岗双责，按照客观公正、科学规范、突出重点、注重实效、奖惩并举的原则进行。

第四条　生态文明建设目标评价考核在资源环境生态领域有关专项考核的基础上综合开展，采取评价和考核相结合的方式，实行年度评价、五年考核。

评价重点评估各地区上一年度生态文明建设进展总体情况，引导各地区落实生态文明建设相关工作，每年开展1次。考核主要考查各地区生态文明建设重点目标任务完成情况，强化省级党委和政府生态文明建设的主体责任，督促各地区自觉推进生态文明建设，每个五年规划期结束后开展1次。

第二章　评　价

第五条　生态文明建设年度评价（以下简称年度评价）工作由国家统计局、国家发展改革委、环境保护部会同有关部门组织实施。

第六条　年度评价按照绿色发展指标体系实施，主要评估各地区资源利用、环境治理、环境质量、生态保护、增长质量、绿色生活、公众满意程度等方面的变化趋势和动态进展，生成各地区绿色发展指数。绿色发展指标体系由国家统计局、国家发展改革委、环境保护部会同有关部门制定，可以根据国民经济和社会发展规划纲要以及生态文明建设进展情况作相应调整。

第七条　年度评价应当在每年8月底前完成。

第八条　年度评价结果应当向社会公布，并纳入生态文明建设目标考核。

第三章　考　核

第九条　生态文明建设目标考核（以下简称目标考核）工作由国家发展改革委、环境保护部、中央组织部牵头，会同财政部、国土资源部、水利部、农业部、国家统计局、国家林业局、国家海洋局等部门组织实施。

第十条　目标考核内容主要包括国民经济和社会发展规划纲要中确定的资源

环境约束性指标，以及党中央、国务院部署的生态文明建设重大目标任务完成情况，突出公众的获得感。考核目标体系由国家发展改革委、环境保护部会同有关部门制定，可以根据国民经济和社会发展规划纲要以及生态文明建设进展情况作相应调整。

有关部门应当根据国家生态文明建设的总体要求，结合各地区经济社会发展水平、资源环境禀赋等因素，将考核目标科学合理分解落实到各省、自治区、直辖市。

第十一条　目标考核在五年规划期结束后的次年开展，并于9月底前完成。各省、自治区、直辖市党委和政府应当对照考核目标体系开展自查，在五年规划期结束次年的6月底前，向党中央、国务院报送生态文明建设目标任务完成情况自查报告，并抄送考核牵头部门。资源环境生态领域有关专项考核的实施部门应当在五年规划期结束次年的6月底前，将五年专项考核结果送考核牵头部门。

第十二条　目标考核采用百分制评分和约束性指标完成情况等相结合的方法，考核结果划分为优秀、良好、合格、不合格四个等级。考核牵头部门汇总各地区考核实际得分以及有关情况，提出考核等级划分、考核结果处理等建议，并结合领导干部自然资源资产离任审计、领导干部环境保护责任离任审计、环境保护督察等结果，形成考核报告。

考核等级划分规则由考核牵头部门根据实际情况另行制定。

第十三条　考核报告经党中央、国务院审定后向社会公布，考核结果作为各省、自治区、直辖市党政领导班子和领导干部综合考核评价、干部奖惩任免的重要依据。

对考核等级为优秀、生态文明建设工作成效突出的地区，给予通报表扬；对考核等级为不合格的地区，进行通报批评，并约谈其党政主要负责人，提出限期整改要求；对生态环境损害明显、责任事件多发地区的党政主要负责人和相关负责人（含已经调离、提拔、退休的），按照《党政领导干部生态环境损害责任追究办法（试行）》等规定，进行责任追究。

第四章　实　施

第十四条　国家发展改革委、环境保护部、中央组织部会同国家统计局等部门建立生态文明建设目标评价考核部际协作机制，研究评价考核工作重大问题，提出考核等级划分、考核结果处理等建议，讨论形成考核报告，报请党中央、国务院审定。

第十五条　生态文明建设目标评价考核采用有关部门组织开展专项考核认定的数据、相关统计和监测数据，以及自然资源资产负债表数据成果，必要时评价考核牵头部门可以对专项考核等数据作进一步核实。

因重大自然灾害等非人为因素导致有关考核目标未完成的，经主管部门核实后，对有关地区相关考核指标得分进行综合判定。

第十六条　有关部门和各地区应当切实加强生态文明建设领域统计和监测的人员、设备、科研、信息平台等基础能力建设，加大财政支持力度，增加指标调查频率，提高数据的科学性、准确性和一致性。

第五章　监　督

第十七条　参与评价考核工作的有关部门和机构应当严格执行工作纪律，坚持原则、实事求是，确保评价考核工作客观公正、依规有序开展。各省、自治区、直辖市不得篡改、伪造或者指使篡改、伪造相关统计和监测数据，对于存在上述问题并被查实的地区，考核等级确定为不合格。对徇私舞弊、瞒报谎报、篡改数据、伪造资料等造成评价考核结果失真失实的，由纪检监察机关和组织（人事）部门按照有关规定严肃追究有关单位和人员责任；涉嫌犯罪的，依法移送司法机关处理。

第十八条　有关地区对考核结果和责任追究决定有异议的，可以向作出考核结果和责任追究决定的机关和部门提出书面申诉，有关机关和部门应当依据相关规定受理并进行处理。

第六章　附　则

第十九条　各省、自治区、直辖市党委和政府可以参照本办法，结合本地区实际，制定针对下一级党委和政府的生态文明建设目标评价考核办法。

第二十条　本办法由国家发展改革委、环境保护部、中央组织部、国家统计局商有关部门负责解释。

第二十一条　本办法自 2016 年 12 月 2 日起施行。

附录Ⅳ 国家生态文明建设考核目标体系

目标类别	目标类分值	序号	子目标名称	子目标分值	目标来源	数据来源
一、资源利用	30	1	单位GDP能源消耗降低★	4	规划纲要	国家统计局、国家发展改革委
		2	单位GDP二氧化碳排放降低★	4	规划纲要	国家发展改革委、国家统计局
		3	非化石能源占一次能源消费比重★	4	规划纲要	国家统计局、国家能源局
		4	能源消费总量	3	规划纲要	国家统计局、国家发展改革委
		5	万元GDP用水量下降★	4	规划纲要	水利部、国家统计局
		6	用水总量	3	规划纲要	水利部
		7	耕地保有量★	4	规划纲要	国土资源部
		8	新增建设用地规模★	4	规划纲要	国土资源部
二、生态环境保护	40	9	地级及以上城市空气质量优良天数比率★	5	规划纲要	环境保护部
		10	细颗粒物（PM2.5）未达标地级及以上城市浓度下降★	5	规划纲要	环境保护部
		11	地表水达到或好于Ⅲ类水体比例★	(3)[a] (5)[b]	规划纲要	环境保护部、水利部
		12	近岸海域水质优良（一、二类）比例	(2)[a]	水十条	国家海洋局、环境保护部
		13	地表水劣Ⅴ类水体比例★	5	规划纲要	环境保护部、水利部
		14	化学需氧量排放总量减少★	2	规划纲要	环境保护部

续表

目标类别	目标类分值	序号	子目标名称	子目标分值	目标来源	数据来源
二、生态环境保护	40	15	氨氮排放总量减少★	2	规划纲要	环境保护部
		16	二氧化硫排放总量减少★	2	规划纲要	环境保护部
		17	氮氧化物排放总量减少★	2	规划纲要	环境保护部
		18	森林覆盖率★	4	规划纲要	国家林业局
		19	森林蓄积量★	5	规划纲要	国家林业局
		20	草原综合植被覆盖度	3	规划纲要	农业部
三、年度评价结果	20	21	各地区生态文明建设年度评价的综合情况	20	—	国家统计局、国家发展改革委、环境保护部等有关部门
四、公众满意程度	10	22	居民对本地区生态文明建设、生态环境改善的满意程度	10	—	国家统计局等有关部门
五、生态环境事件	扣分项	23	地区重特大突发环境事件、造成恶劣社会影响的其他环境污染责任事件、严重生态破坏责任事件的发生情况	扣分项	—	环境保护部、国家林业局等有关部门

注：1. 标“★”的为《国民经济和社会发展第十三个五年规划纲要》确定的资源环境约束性目标。

2. “资源利用”“生态环境保护”类目标采用有关部门组织开展专项考核认定的数据，完成的地区有关目标得满分，未完成的地区有关目标不得分，超额完成的地区按照超额比例与目标得分的乘积进行加分。

3. “非化石能源占一次能源消费比重”子目标主要考核各地区可再生能源占能源消费总量比重；“能源消费总量”子目标主要考核各地区能源消费增量控制目标的完成情况。

4. “地表水达到或好于Ⅲ类水体比例”“近岸海域水质优良（一、二类）比例”子目标分值中括号外右上角标注“a”的，为天津市、河北省、辽宁省、上海市、江苏省、浙江省、福建省、山东省、广东省、广西壮族自治区、海南省等沿海省份分值；括号外右上角标注“b”的，为沿海省份之外省、自治区、直辖市分值。

5. “年度评价结果”采用“十三五”期间各地区年度绿色发展指数，每年绿色发展指数最高的地区得4分，其他地区的得分按照指数排名顺序依次减少0.1分。

6.“公众满意程度”指标采用国家统计局组织的居民对本地区生态文明建设、生态环境改善满意程度抽样调查，通过每年调查居民对本地区生态环境质量表示满意和比较满意的人数占调查人数的比例，并将五年的年度调查结果算术平均值乘以该目标分值，得到各省、自治区、直辖市“公众满意程度”分值。

7.“生态环境事件”为扣分项，每发生一起重特大突发环境事件、造成恶劣社会影响的其他环境污染责任事件、严重生态破坏责任事件的地区扣5分，该项总扣分不超过20分。具体由环境保护部、国家林业局等部门根据《国务院办公厅关于印发国家突发环境事件应急预案的通知》等有关文件规定进行认定。

8. 根据各地区约束性目标完成情况，生态文明建设目标考核对有关地区进行扣分或降档处理：仅1项约束性目标未完成的地区该项考核目标不得分，考核总分不再扣分；2项约束性目标未完成的地区在相关考核目标不得分的基础上，在考核总分中再扣除2项未完成约束性目标的分值；3项（含）以上约束性目标未完成的地区考核等级直接确定为不合格。其他非约束性目标未完成的地区有关目标不得分，考核总分中不再扣分。

附录Ⅴ　国家绿色发展指标体系

一级指标	序号	二级指标	计量单位	指标类型	权数/%	数据来源
一、资源利用（权数=29.3%）	1	能源消费总量	万吨标准煤	◆	1.83	国家统计局、国家发展改革委
	2	单位GDP能源消耗降低	%	★	2.75	国家统计局、国家发展改革委
	3	单位GDP二氧化碳排放降低	%	★	2.75	国家发展改革委、国家统计局
	4	非化石能源占一次能源消费比重	%	★	2.75	国家统计局、国家能源局
	5	用水总量	亿立方米	◆	1.83	水利部
	6	万元GDP用水量下降	%	★	2.75	水利部、国家统计局
	7	单位工业增加值用水量降低率	%	◆	1.83	水利部、国家统计局
	8	农田灌溉水有效利用系数	—	◆	1.83	水利部
	9	耕地保有量	亿亩	★	2.75	国土资源部
	10	新增建设用地规模	万亩	★	2.75	国土资源部
	11	单位GDP建设用地面积降低率	%	◆	1.83	国土资源部、国家统计局
	12	资源产出率	万元/吨	◆	1.83	国家统计局、国家发展改革委
	13	一般工业固体废物综合利用率	%	△	0.92	环境保护部、工业和信息化部
	14	农作物秸秆综合利用率	%	△	0.92	农业部

续表

一级指标	序号	二级指标	计量单位	指标类型	权数/%	数据来源
二、环境治理（权数＝16.5%）	15	化学需氧量排放总量减少	%	★	2.75	环境保护部
	16	氨氮排放总量减少	%	★	2.75	环境保护部
	17	二氧化硫排放总量减少	%	★	2.75	环境保护部
	18	氮氧化物排放总量减少	%	★	2.75	环境保护部
	19	危险废物处置利用率	%	△	0.92	环境保护部
	20	生活垃圾无害化处理率	%	◆	1.83	住房城乡建设部
	21	污水集中处理率	%	◆	1.83	住房城乡建设部
	22	环境污染治理投资占GDP比重	%	△	0.92	住房城乡建设部、环境保护部、国家统计局
三、环境质量（权数＝19.3%）	23	地级及以上城市空气质量优良天数比率	%	★	2.75	环境保护部
	24	细颗粒物（PM2.5）未达标地级及以上城市浓度下降	%	★	2.75	环境保护部
	25	地表水达到或好于Ⅲ类水体比例	%	★	2.75	环境保护部、水利部
	26	地表水劣Ⅴ类水体比例	%	★	2.75	环境保护部、水利部
	27	重要江河湖泊水功能区水质达标率	%	◆	1.83	水利部
	28	地级及以上城市集中式饮用水水源水质达到或优于Ⅲ类比例	%	◆	1.83	环境保护部、水利部
	29	近岸海域水质优良（一、二类）比例	%	◆	1.83	国家海洋局、环境保护部
	30	受污染耕地安全利用率	%	△	0.92	农业部

续表

一级指标	序号	二级指标	计量单位	指标类型	权数/%	数据来源
三、环境质量（权数=19.3%）	31	单位耕地面积化肥使用量	千克/公顷	△	0.92	国家统计局
	32	单位耕地面积农药使用量	千克/公顷	△	0.92	国家统计局
四、生态保护（权数=16.5%）	33	森林覆盖率	%	★	2.75	国家林业局
	34	森林蓄积量	亿立方米	★	2.75	国家林业局
	35	草原综合植被覆盖率	%	◆	1.83	农业部
	36	自然岸线保有率	%	◆	1.83	国家海洋局
	37	湿地保护率	%	◆	1.83	国家林业局、国家海洋局
	38	陆域自然保护区面积	万公顷	△	0.92	环境保护部、国家林业局
	39	海洋保护区面积	万公顷	△	0.92	国家海洋局
	40	新增水土流失治理面积	万公顷	△	0.92	水利部
	41	可治理沙化土地治理率	%	◆	1.83	国家林业局
	42	新增矿山恢复治理面积	公顷	△	0.92	国土资源部
五、增长质量（权数=9.2%）	43	人均GDP增长率	%	◆	1.83	国家统计局
	44	居民人均可支配收入	元/人	◆	1.83	国家统计局
	45	第三产业增加值占GDP比重	%	◆	1.83	国家统计局
	46	战略性新兴产业增加值占GDP比重	%	◆	1.83	国家统计局
	47	研究与试验发展经费支出占GDP比重	%	◆	1.83	国家统计局
六、绿色生活	48	公共机构人均能耗降低率	%	△	0.92	国管局
	49	绿色产品市场占有率（高效节能产品市场占有率）	%	△	0.92	国家发展改革委、工业和信息化部、质检总局

续表

一级指标	序号	二级指标	计量单位	指标类型	权数/%	数据来源
六、绿色生活	50	新能源汽车保有量增长率	%	◆	1.83	公安部
	51	绿色出行（城镇每万人口公共交通客运量）	万人次	△	0.92	交通运输部、国家统计局
	52	城镇绿色建筑占新建建筑比重	%	△	0.92	住房城乡建设部
	53	城市建成区绿地率	%	△	0.92	住房城乡建设部
	54	农村自来水普及率	%	◆	1.83	水利部
	55	农村卫生厕所普及率	%	△	0.92	国家卫生计生委
七、公众满意程度	56	公众对生态环境质量满意程度	%	—	—	国家统计局

注：1. 标“★”的为《国民经济和社会发展第十三个五年规划纲要》确定的资源环境约束性指标；标“◆”的为《国民经济和社会发展第十三个五年规划纲要》和《中共中央、国务院关于加快推进生态文明建设的意见》等提出的主要监测评价指标；标“△”的为其他绿色发展重要监测评价指标。根据其重要程度，按总权数为100%，三类指标的权数之比为3∶2∶1计算，标“★”的指标权数为2.75%，标“◆”的指标权数为1.83%，标△的指标权数为0.92%。6个一级指标的权数分别由其所包含的二级指标权数汇总生成。

2. 绿色发展指标体系采用综合指数法进行测算，“十三五”期间，以2015年为基期，结合“十三五”规划纲要和相关部门规划目标，测算全国及分地区绿色发展指数和资源利用指数、环境治理指数、环境质量指数、生态保护指数、增长质量指数、绿色生活指数6个分类指数。绿色发展指数由除“公众满意程度”之外的55个指标个体指数加权平均计算而成。

绿色发展指标按评价作用分为正向和逆向指标，按指标数据性质分为绝对数和相对数指标，需对各个指标进行无量纲化处理。具体处理方法是将绝对数指标转化成相对数指标，将逆向指标转化成正向指标，将总量控制指标转化成年度增长控制指标，然后再计算个体指数。

3. 公众满意程度为主观调查指标，通过国家统计局组织的抽样调查来反映公众对生态环境的满意程度。调查采取分层多阶段抽样调查方法，通过采用计算机辅助电话调查系统，随机抽取城镇和乡村居民进行电话访问，根据调查结果综合计算31个省（区、市）的公众满意程度。该指标不参与总指数的计算，进行单独评价与分析，其分值纳入生态文明建设考核目标体系。

4. 国家负责对各省、自治区、直辖市的生态文明建设进行监测评价，对有些地区没有的地域性指标，相关指标不参与总指数计算，其权数平均分摊至其他指标，体现差异化；各省、自治区、直辖市根据国家绿色发展指标体系，并结合当地实际制定本地区绿色发展指标体系，对辖区内市（县）的生态文明建设进行监测评价。各地区绿色发展指标体系的基本框架应与国家保持一致，部分具体指标的选择、权数的构成以及目标值的确定，可根据实际进行适当调整，进一步体现当地的主体功能定位和差异化评价要求。

5. 绿色发展指数所需数据来自各地区、各部门的年度统计，各部门负责按时提供数据，并对数据质量负责。

附录Ⅵ 城市综合开发项目建设评价案例一

一、项目概况

（一）规划人口规模

考虑区内就业人口区外居住的比例，以及就业人口带眷的系数，确定城市综合开发项目居住人口规模2013年控制在8万人左右，2020年控制在16万人左右。

（二）规划用地规模

本着集约高效的基本原则，根据产业发展需求和配套设施相关标准，合理确定用地规模，保障土地持续供应，满足发展需求，并优先保证基础设施、公共设施及生态绿化用地。规划近期建成总规模约27.34平方千米，远期建成总规模约50平方千米。

二、项目开发计划

成立开发区域管理委员会，以投资人和管理委员会共同出资的方式成立项目公司作为合作平台，由该项目公司负责城市综合开发区范围内土地一级整理、基础设施建设投资、园区开发建设及经营管理。

资本金为20亿元，坚持分步实施、滚动发展的经营策略。近期首先建设16.64平方千米的产业区，同时抓紧社会公共服务设施、行政办公和村民还迁住房的建设，适当开发一定量的商品住宅和商业，待园区形成一定规模、聚集一定人气后，加大后续商品住宅的开发力度，合理规划收益。结合园区发展现状，近期重点开发16.64平方千米产业用地和社会公共服务设施及部分商住用地，共计30.14平方千米。园区建设采取高出、高进、高配的具体操作模式，在进行土地整理出让的同时，统一建设部分标准示范厂房，推进园区的高水平建设。

三、项目收益分析

（一）项目投入测算

固定资产总投资663.66亿元，其中土地整理费用113亿元，还迁房建设37亿元，基础设施投资127.9亿元，1平方千米示范厂房8.25亿元，10万平方米园区公建6.11亿元，工业建筑107.9亿元，经营性公建85.1亿元，商品住宅173.1亿元，仓储设施5.3亿元。前五部分投资属于园区投资，合计292.3亿元；另371.4亿元为进园企业自建设投资。

1. 土地整理

该项目需整理土地4551.6公顷，规划可出让面积2118.4公顷。土地整理总投资150亿元（含财务利息），其中：征地费用113亿元，还迁房建设费用37亿元。

2. 基础设施投入

城市综合开发区基础设施投资估算表

序号	投入项目	总投资/万元	自建部分	社会投资部分	数量
1	道路桥梁	487886.6	487886.6		
	园内道路	307099.6	307099.6		115条
	过境道路	167987	167987		5条
	桥梁	12800	12800		2座
2	市政管网投资	534000	534000		267千米
3	园区公共绿化	69714	69714		348.57公顷
4	交通设施	10460	4800	5660	
	公交首末站	4800	4800		4处
	公共停车场	5660		5660	14.15万平方米
5	市政基础设施	177100	41000	136100	
	给水加压站	2000		2000	1个
	污水泵站	800	800		1个
	雨水泵站	25200	25200		7个
	燃气锅炉房	48000		48000	4个
	燃气储配站	16000		16000	1个
	公用工程岛	15000	15000		5个
	220kV变电站	22000		22000	1个
	110kV变电站	8000		8000	2个
	污水处理厂	28600		28600	13万吨
	加油加气站	3500		3500	7座
	再生水厂	8000		8000	
6	总计	1279160.6	1137400.6	141760	

3. 标准厂房和公建投资

2009年考虑先行建设园区展览中心和管理大厦，面积10万平方米，按6000元/平方米单价投入，需资金6亿元。

10 万平方米园区公建自建成本费用

土地费用		建安费用			总费用（亿元）
面积（公顷）	土地成本（万/亩）	用地容积率	建安费用（元/平方米）	总额（亿元）	
7.33	10	1.36	6000	6	6.11

1 平方千米的工业示范厂房需投资 8.25 亿元：

1 平方千米示范厂房自建成本费用

土地费用			建安费用			总费用（亿元）
面积（公顷）	工业用地出让地价（万/亩）	政府收益（亿元）	工业用地容积率	工厂建安费用（元/平方米）	总额（亿元）	
100	20	0.75	0.5	1500	7.5	8.25

4．养管费用

项目公司对于已建成的基础设施进行养管，该项费用每年按照基础设施建成总额的1%提取，隔 5 年递增 5%。25 年计算期内此项费用合计 28.8 亿元。

（二）项目产出测算

1．土地收益测算

参考项目所在地区土地出让价格、考虑适当增幅，建设期土地出让金总额约 158 亿元，可容纳整理成本 120 亿元，无法回收 30 亿元，以所在地政府收益 31.6 亿元平衡。

2．厂房租金收益

1 平方千米的标准厂房用地，按照 0.5 的容积率，建筑面积为 50 万平方米，每平方米年租金 360 元，租金水平按年递增 3% 测算。

3．税收返还

按照所在地政府上缴税收的返还比例约为 30%，其中的 50% 返给入园企业，即留给项目公司的总返还比例为 15%。

4．管理费收入

园区运营管理费收入近期按 0.9 亿元/年，远期约达到 1.68 亿元/年，两阶段取不同递增比例测算。

5．大配套费收入

购买土地的企业自行向所在地政府缴纳配套费，并按照每平方米 150 元的标准返还项目公司。

（三）财务盈利能力分析

经测算，该项目11年建设期，累计净现金流为2.1834亿元，35年运营期累计净现金流为160.237亿元，项目整体内部收益率IRR为15.87%。

四、投融资方案

1. 融资模式

利用项目自身产业的发展前景吸引直接投资，以投资人和所在地平台公司、管理委员会共同出资的方式成立项目公司，由该项目公司负责城市综合开发区范围内土地一级整理、基础设施建设投资、园区开发建设及经营管理。

2. 投融资结构

经营期限25年；根据城市综合开发规划方案及未来发展，公司的注册资本暂定为20亿元人民币。

3. 收益模式

公司经营性业务收益主要包括：土地出让收益，工业厂房及仓储区域的租金收益，入园企业的税收返还收入，入园企业管理费收入等。

4. 项目公司主要工作

公司设立后，以公司自有资金作为配套资本金，以公司未来相关收益作为还款来源，通过银行贷款、发行信托产品等方式进行融资，并启动项目建设。主要内容为：

（1）对城市综合开发区域进行土地整理。

（2）对起步区域基础设施项目进行投资、建设，主要包括区域内道路、桥梁、绿化、公交场站、停车场、污水处理厂等市政、公用基础设施等。

（3）调整并优化园区规划，设计融资方案，筹措启动资金。

（4）建设城市综合开发区内1平方千米的标准化厂房及适应现代物流业发展的仓储区域。

（5）宣传城市综合开发的招商政策，为投资者提供入园咨询服务，组织各项招商引资的政策、措施和管理办法的实施工作，并签署有关合同和协议。

五、风险分析

（一）市场风险

1. 税收征稽

考察的各类企业，均在采取不同的手段进行合理避税和逃税，少交税款成为该类企业赢利的重要手段，而在周边散布的家庭作坊式小企业，偷税现象更为严重。子牙循环产业园的建设，需要加强税收监管，规范入园企业行为。

2．供货风险

国外供货、原材料市场价格走高，产品价格走低；竞争对手增加；因市场准入不严遭遇小企业、不规范企业恶性竞争；原材料受输出国影响较大，目前，已有国家开始限制金属含量比较高的废旧资源出口；国内废旧资源回收产业市场尚未形成规模。

3．对策

市场风险的管理贯穿于项目始终。一是实行滚动开发，分期实施，降低投资强度，缩小投资回收周期；二是加大项目推介力度，争取多家国际知名的大型企业集团落户本区域，使区域积聚效应能迅速提升，以此来提升产业区土地价值和后期收益；三是充分引入市场竞争机制，降低建设成本；四是合理确定土地供应时机及数量，使土地出让价格能达到理想的价位；五是加大融资力度，充分发挥资本的杠杆作用，盘活建设中的一切可以利用的存量资产，使融资额、融资利率超过预期水平，使项目现金流动始终处于平衡状态；另外项目公司还可以争取获得其他项目参与者，如政府或当地产业部门的某种信用支持，同时还可通过积极争取国家相关扶持政策以降低项目风险。

（二）政策风险

项目政策风险的影响因素主要包括以下几个方面：

（1）项目可能需要政府许可证、特许经营权或其他形式的批准。任何有关政策上的负面变化都有可能造成项目的损失。

（2）国家有可能改变进出口政策，增加关税或限制项目设备、原材料的进口，增加关税或限制项目产品的出口。

（3）改变或增加对项目的税收。

（4）在项目经济生命期中引入更严厉的环境保护立法，增加项目的生产成本或影响项目的生产计划。

（三）金融风险

主要表现在利率风险和汇率风险两个方面。在项目过程中，汇率波动、利率上涨、通货膨胀等，这些因素会引发项目的金融风险。利率风险是指在经营过程中，由于利率变动直接或间接地造成项目价值降低或收益受到损失。如果投资方利用浮动利率融资，一旦利率上升，项目的融资成本就上升；如果采用固定利率融资，一旦市场利率下降便会造成机会成本的提高，在此如果资本筹集时外资比例很小时可以不予考虑汇率问题，利率是跟国家整体的经济政策有关的。

六、投资价值分析结论

（一）主要经济、技术、生态指标

经济指标	标准	技术指标	标准	生态指标	标准
人均工业增加值	>10 万元	基础设施投资	2.56 亿元/平方千米	绿化率	40%
经济产投比	>1.6	道路桥梁投资	1 亿元/平方千米	绿地覆盖率	35%
单位产值能耗	<0.065 吨标煤	市政公用设施	0.49 亿元/平方千米	环保投资比重	>3%
万元产值废水	<46 吨	管网投资	1.07 亿元/平方千米	人均公共绿地	>10 平方米
万元产值固废	<0.03 吨	社会投资	7.42 亿元/平方千米	企业排放达标	100%
静脉产业贡献率	>70%	总投资密度	9.98 亿元/平方千米	水环境	达标

注：若包含土地整理和还迁房建设投入，总投资密度为 12.98 亿元。

（二）结论

从投资价值分析的角度对项目的可行性进行论证评价，得出主要研究结论如下：

（1）项目具备较强的盈利能力和抗风险能力，还款能力强，财务和国民经济均可行。

（2）项目对区域经济和宏观经济将带来更为积极的影响，其以生态建设为出发点的开发模式将为所在区域带来显著的直接和间接效益。

（3）将小城镇建设、新农村建设同产业经济发展相协调，共谋发展，是促进社会、经济、生态和谐的一个先进范例，具备推广价值。

附录Ⅶ 城市综合开发项目建设评价案例二

一、项目建设规模

某城市综合开发项目总用地面积约3.62平方千米，可用地面积约2.35平方千米，项目总建筑规模315万平方米，其中公益场馆建设面积55万平方米，包括室内场馆40万平方米和室外展场15万平方米。

二、项目建设内容及实施方案

（一）建设内容

1. 场馆综合体

由功能区（包括体育馆、博物馆、展览馆等大型场馆及有关辅助设施）和综合配套区组成。

项目规划可用地面积2.35平方千米，其中功能区占地1.19平方千米（包括建筑占地0.82平方千米、室外展馆0.15平方千米、货车轮候区0.05平方千米、室外铺装及绿化0.17平方千米），综合配套区1.16平方千米。

项目总建筑规模315万平方米，其中功能区建筑规模为100万平方米，包括室内场馆40万平方米，内部交通及集散大厅15万平方米，会议中心5万平方米，会议中心配套10万平方米，办公区及附属30万平方米；综合配套区建筑规模为215万平方米，包括酒店21万平方米，办公区23万平方米，商业40万平方米，住宅131万平方米。

2. 区域市政基础设施项目

为保障该城市综合项目市政配套与交通需求，需同步建设新区市政基础设施，包括高速公路、轨道交通线及区域道路工程、桥梁工程、立交工程、堤岸工程、附属工程及市政管网等区域基础设施市政配套项目。

（二）实施方案

（1）城市综合开发项目功能区拟分二期实施建设，建设期7年，一期建筑规模50万平方米，其中净场馆面积20万平方米，建成后可满足大型体育文化活动；二期建筑规模50万平方米。

（2）综合配套区随综合场馆项目建设进度分七期实施开发建设，开发周期共11年，同时确保综合配套区一期（建筑面积36万平方米）与功能区一期同期竣工并投入使用。

（3）高速公路、轨道交通线及区域基础设施市政配套项目建设与主场馆项目工程同步完成。

三、项目平衡测算方案

（一）项目运作模式

由项目投资方成立项目公司，项目公司注册资本金40亿元人民币，项目现金投资20亿元，土地作价入股20亿元。项目公司负责大型场馆综合体投资、建设及后期运营管理，利用对综合配套区进行房地产开发取得的开发利润平衡功能区建设投资。土地整理资金及部分区域市政基础设施项目建设资金通过对可开发土地进行整理后实施出让，以土地出让金平衡解决。

（二）项目总投资及收支测算

1. 场馆项目综合体测算

场馆项目综合体总投资约403亿元，其中土地成本20亿元、功能区建安投资149亿元（折合1.49万元/平方米）、综合配套区建安投资171亿元（折合0.8万元/平方米）、资金成本63亿元。

综合配套区房地产开发周期11年，其中酒店面积的100%、商业面积的25%及办公面积的22%由项目公司持有经营，剩余开发建筑全部销售。房地产销售价格按目前该地区市场平均水平并考虑年度正常价格增长及场馆项目带来区域增值后，按照测算年份住宅价格0.8万元/平方米、年环比递增8%测算，办公区按0.76万元/平方米、年环比递增6%测算，商业按2.1万元/平方米、年环比递增5%测算，开发周期内平均销售价格住宅为1.16万元/平方米、办公区为1.04万元/平方米、商业为2.49万元/平方米。按照国内同类项目实际享受的税收优惠政策，该项目房地产开发过程中的企业营业税及附加、企业所得税地方留存部分（40%）及印花税进行减免或先缴后返。

按照上述条件测算，至项目开发周期结束，项目销售总收入252亿元，同时项目公司持有物业资产价值约45亿元，两项之和共计297亿元与总投资403亿元相比，资金缺口106亿元。

如场馆功能区建筑规模调整为80万平方米，在总可用地面积及规划容积率维持不变的条件下，将场馆功能区因规模减小的可开发土地（0.24平方千米）调整为综合配套区住宅用地，增加住宅建筑规模43万平方米，则场馆项目综合体总建筑规模达到337万平方米，其中功能区建筑规模80万平方米、综合配套区建筑规模257万平方米。场馆项目综合体总投资约343亿元，其中土地成本20亿元、功能区建安投资119亿元、综合配套区建安投资195亿元、资金成本9亿元。按照上述条件测算，至项目开发周期结束，项目销售总收入约297亿元，同时合资公司持有资产价值约45亿元，两项之和共计342亿元与总投资343亿元相比，可基本实现资金平衡。

2. 土地出让金平衡部分

场馆项目综合体的实施，需同步启动项目区内外市政基础设施配套项目建设，建设资金拟纳入可开发土地成本，通过土地整理后实施出让，以土地出让金平衡解决。该项目区域外可开发土地面积约20.8平方千米，扣除场馆项目综合体选址土地3.62平方千米后，区域可开发土地约17.18平方千米，规划可用地面积约10.31平方千米（净地率按0.6测算），规划总建筑面积约1650万平方米（净容积率按1.6、住宅/公建比按75/25测算）。城市综合开发项目区域外项目总投资约772亿元，其中可开发土地整理成本234亿元；市政基础设施项目建设总投资约382亿元，包括高速公路22亿元、地铁线140亿元和区域基础设施等交通市政配套220亿元；资金成本约156亿元。

土地整理、出让周期10年，2013年该区域土地出让楼面地价按0.25万元/平方米测算，考虑年度正常价格增长及场馆项目带来区域增值年环比递增5%，至2020年土地出让楼面地价为0.35万元/平方米。按上述条件测算，至土地全部出让完毕，土地出让金总额约649亿元，扣除净收益刚性支出后可返还资金577亿元，同时返还市政大配套费29亿元后，可返还总收入约606亿元，与总投资772亿元相比，资金缺口166亿元。

该城市综合开发项目区域外配套项目投资中，如土地整理成本234亿元全部分摊、市政基础设施项目建设总投资按56.7%的比例分摊125亿元、地铁项目建设投资按86.6%的比例分摊124亿元、高速公路项目建设投资不分摊，另资金成本122亿元，总投资为605亿元，与可返还总收入606亿元相比，基本实现资金平衡。

3. 场馆项目平衡用地测算

为保证场馆项目如期启动建设及顺利实施，先行在可出让区选址部分土地，通过进行土地整理及出让，以土地出让金平衡解决场馆项目选址范围全部土地整理成本及市政基础设施大配套项目投资。

经测算，平衡用地占地面积约7.57平方千米，规划可用地面积约4.54平方千米（净地率按0.6测算），规划总建筑面积约726万平方米（净容积率按1.6、住宅/公建比按75/25测算）。

区域总投资约204亿元，其中场馆项目综合体土地整理成本约46亿元，包括征地费43亿元和资金成本3亿元；平衡用地土地整理成本约91亿元；市政基础设施大配套项目投资约67亿元（场馆综合体土地和平衡用地共11.19平方千米，市政基础设施大配套项目投资按6亿元/平方千米计）。

土地整理、出让周期及出让价格与该项目配套项目地区土地出让方案相同。

按上述条件测算，至土地全部出让完毕，土地出让金总额约217亿元，扣除净收益刚性支出后可返还资金约191亿元，同时返还市政大配套费13亿元后，可返还总收入约204亿元，与区域总投资基本持平相等，可实现项目平衡。

四、结论

为保证场馆项目综合体顺利实施及实现资金平衡，需满足以下前提条件：

（1）项目公司不承担场馆项目综合体规划道路红线外市政基础设施大配套项目投资，该部分投资纳入该项目配套项目地区范围内剩余可开发土地或平衡地块中进行平衡。

（2）在可开发区选址7.57平方千米土地，通过土地整理及出让，以土地出让金平衡解决场馆项目选址范围全部土地整理成本及基础设施配套投资68亿元。

（3）项目公司享受房地产开发过程中企业营业税及附加、所得税地方留存部分及印花税减免或先缴后返政策。

附录Ⅷ　城市综合开发项目建设评价案例三

一、项目概况

（一）规划布局

规划区中部形成中央城市绿廊，沿绿廊两侧布置产业组团与生活组团，形成公益产业、综合服务、配套生活、科技研发等多个功能组团。中央城市绿廊内部适当设置体育场馆、公共图书馆、公共实训中心等城市共享的大型公共设施。城市综合开发区总占地面积37.32平方千米，居住人口30万人左右。

（二）主要指标

城市综合开发区总建设用地3251.32公顷，水域及其他用地481.56公顷。

（三）建设时序

城市综合开发区的建设时序共分为三期。一期包括产业功能建筑、图书馆、体育馆、国际交流中心、酒店等相关公共服务设施，用地约10.9平方千米，主要包括八个专业产业单元、综合服务区、科技研发区、中央公园等公共服务设施。二期以教育科研为主，吸引国内、国际知名院校和科研机构入驻，提高科技研发水平，同时配以公共图书馆、体育馆、实训基地等公共设施，用地约15.7平方千米。三期以生产经营性绿地为主并配以相应的配套设施，用地约10.6平方千米。

二、项目建设开发计划

（一）项目建设开发运作模式

基于城市运营的概念，本项目的开发者角色定位于城市运营商。由地方投资平台组织成立项目投资公司，在建设期负责城市综合开发区域的土地整理、公共设施、基础设施建设及整体开发，后期负责城市综合开发区部分设施的运营管理，为城市综合开发区各企事业单位提供综合服务。

（二）项目建设开发计划

根据城市综合开发区发展规划，计划2009年至2012年7月重点开发建设一期工程（10.9平方千米），其中2009年至2011年底组织完成体育馆等大型公共服务设施、市政基础设施及相应产业公建的工程建设，2012年1月至7月试运营，2012年8月投入使用。2010年7月启动二期土地整理及酒店建设，至2014年完成二期工程建设。2012年启动三期土地整理，至2015年完成三期工程建设。

三、投入产出经济平衡分析

（一）项目投入分析

该区域的开发建设投资主要包括土地整理、基础设施、地上建筑三部分，结合市场实际情况测算建设成本。

1. 假设条件

土地整理成本50万元/亩，居住建设成本4000元/平方米，公共设施建设成本4000～5500元/平方米，体育设施建设成本6500元/平方米。

2. 项目测算

土地整理259.43亿元，基础设施151.19亿元，地上建筑503.99亿元（其中居住用房270.18亿元，公共设施233.82亿元），总计914.62亿元。本项目投资中，基础设施等公益性公共设施占了60%以上，绿地率约50%，使本项目具备很突出的社会公益属性和生态性。

（二）项目经营环境分析

1. 房地产产业发展分析（居住）

自2003年以来，某市房地产市场经历了量、价齐升的快速发展过程，2008年受市场转冷影响，某市房地产整体成交量下滑趋势明显，但是环城四区成交量好于全市平均水平，作为其中之一的项目区域，从成交比例看，与2007年持平。通过2006年至今对项目区的成交量跟踪，可以看出，尽管2008年某市商品住宅整体成交量锐减，但项目板块作为热点区域对于购房者的吸引力仍有所上升。因此，该区域的房地产具有较好的投资前景。但由于房地产开发前期投入大，在确定开发规模时，应结合所需资金量确定合理的房地产开发规模。

2. 写字楼产业发展分析（行政办公）

随着某市开发开放的进一步推进，许多跨国公司先后将生产基地落户于此，为写字楼提供了广阔的需求市场。该城市综合开发区紧邻市区，同时又有教育科研、生态环境作依托，写字楼的发展前景较好。经调研，超过90%的客户对写字楼的需求是以租为主，适当购买一些写字楼的客户比例不到10%。因此，写字楼的建设应采取自建出租的方式为宜。

3. 商业设施产业发展分析（商业金融、休闲娱乐）

城市综合开发区规划约30万人，商业设施的经营收益潜力较大。在项目开发初期，由于市场尚未成熟，商业设施宜采用自建出租的开发模式，后期市场成熟以后，则可考虑出售。

4. 体育场馆、公共图书馆、实训中心等公益设施发展分析（文体设施）

将体育场馆元素加入商住地产中，可使商住地产增值，同时可带动周边商业设施的发展。在后期运营中可通过承接国内外大型赛事、商业演出等获取相应的收益。公共图书馆在具备基本的图书借阅功能之外，可积极拓展多种经营方式，拓展收益渠道。比如图书、影像及相关资料的销售、出租等。实训中心作为某市的技能培训中心可通过承接赛事、社会租用，以及作为企业进行各类技能培训的培训场地等获取相应收益。体育场馆、图书馆、实训中心等公益性公共设施的建设，可由项目开发公司自行建设或由所在区及行业部门投资建设以及政府分年度回购等方式开展。

5. 国际交流中心产业发展分析（文体设施）

国际交流中心作为集会议、办公、住宿、休闲于一体的交流会所，具有较大的投资潜力。尤其是随着某市的开发开放，大量跨国企业总部落户开发区，大量国际会议在开发区召开，对国际交流会议的需求将日趋增强，其投资收益潜力较大。

6. 教育科研产业分析（教育科研）

教育科研具备很高的社会价值，发展前景看好，将教育元素加入商住地产中，可使商住地产增值。

一期产业功能区建设，采取以旧换新方案，现有市区可供置换的搬迁单位房地资产规模过小，不足以支撑新的还迁区建设。同时，按照目前我国教育科研体制，教育科研设施所有权应归科研院所拥有，因此，一期由本单位及行业主管部门建设。二期随着城市综合开发区吸引力的增加，引入国际教育拓展区，可采取部分自建出租的开发模式。

（三）项目经营模式及测算

1. 经营模式

该综合开发项目建设采取自行开发、社会开发、科研院所及行业开发相结合的方式。其中城市综合开发区土地整理和基础设施全部由项目投资公司实施操作，地上建筑采取多种建设开发模式。

2. 假设条件

土地整理预期出让单价400万～500万元/亩；住宅出售单价8000～12000元/平方米；公共设施租金1.5～2.0元/平方米，出租率60%；教育科研一期由科研院所自行建设，土地整理费用按80万元/亩返还整理单位；享受开发区内所有建设项目地税收入50%的返还政策。

3. 项目测算

项目投资公司资金总投入为567.98亿元，总收入为614.90亿元，其中土地出让收入181.09亿元，土地整理成本返还54.47亿元，房地产开发收入83.04亿元，租金收入254.47亿元，税收返还41.84亿元。经测算，项目IRR（内部收益率）为1.73%。

通过以上测算，该项目的公益属性使其不具备财务可行性，但由于其具有较高的社会价值和需求，建议对项目规划方案与指标进行优化，以达到经济可行，提高项目的可实施性。

四、项目优化分析

（一）策划方案优化

坚持“中央严格控制”的原则，在保留原方案设置的城市绿廊和严格执行弹性建设指标的基础上，适当纳入周边可开发用地，用于老人社区和居住的开发建设。

（二）项目经济效益分析

方案优化后，该综合开发项目投资公司承担部分总投入587.23亿元，总收入为822.33亿元（图1），内部收益率为10.09%，项目具有财务可行性。

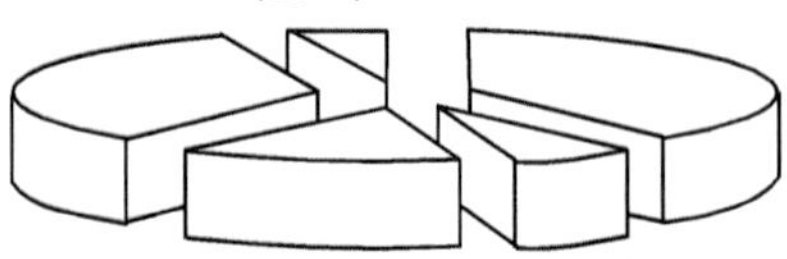

图1　项目收入比例示意图

五、项目融资方案

（一）融资主体

以负责该综合开发项目投资、建设、运营的项目投资公司为融资主体。

（二）项目融资的基本思路及方案

根据建设方案，项目投资公司静态总投资约587.23亿元，其中：土地整理部分259.43亿元，基础设施部分151.19亿元，地上建筑部分176.61亿元（图2）。针对以上建设资金需求，采取以下融资方式。

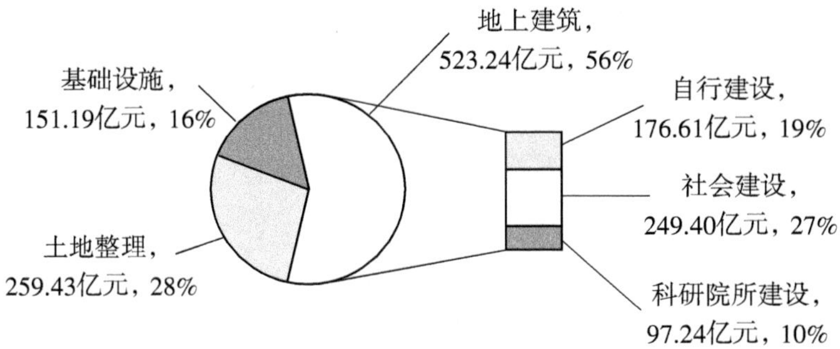

图2　项目投入比例示意图

1．土地整理部分

项目土地整理由项目投资公司负责实施。经前期实地考察，项目总占地37.33平方千米，除区域内二级以上河道、已征用土地（主要包括保留、在建高速公路及市政高压走廊塔座等）等不纳入土地整理范围外，其他34.59平方千米区域均纳入整理范围。按现行土地整理市场价格约50万元/亩的标准计算，土地整理部分共需投资259.43亿元。

拟通过信托资金及银行贷款方式筹集启动资金，完成起步区征地拆迁、土地整理工作，由未来入园科研院所以80万元/亩向项目投资公司支付还迁区部分土地整理成本；基础设施建设费由政府采购资金解决（本地所在区政府收益）；可经营性土地整理成本可在土地成功挂牌转让后得到返还。

2．基础设施建设部分

基础设施建设也将由项目投资公司负责建设实施，主要包括交通设施、市政设施、绿地三大部分，总投资151.19亿元。

拟以发行企业债，引入保险资金、银行贷款等方式筹集项目建设资金，采购资金来源为项目区域内可出让土地增值收益。

3．地上建筑部分

由项目投资公司进行投资建设的地上建筑主要包括：部分住宅及内部配套公建、城市综合开发区级公共设施（包括行政办公、商业金融、文化娱乐、体育、科研等），总投资176.61亿元。拟由项目区域内可出让土地（部分居住、区内配套公建、科研）挂牌出让后取得的土地出让金中政府收益部分、自建住宅部分的销售收入、区级公共设施及区内配套公建的出租收益等进行平衡。

科研院所用地的整理费用由投资公司统一整理后出让给科研院所；项目区域内产业设施投资建设资金将由入园科研院所自行筹集，建设资金不足部分由各相关委办局及财政专项资金支持等方式加以解决。

（三）项目融资计划

项目投资公司注册资本20亿元，经项目投资估算的资金总需求为587亿元。考虑项目起步区建成后的一定的运营积累，通过“边开发边建设”的运营模式，本项目计划筹资450亿元，具体包括：分两期发行总规模为120亿元的企业债；筹集信托资金40亿元；引入保险资金140亿元；根据项目投资计划匹配商业银行贷款150亿元。

六、结论

项目具有很高的社会价值，为某市落实国家教育科研产业定位、永久承接国内外大型赛事提供了有力保障；项目具有很高的环境效益，绿化率达40%以上，为延续城市软实力轴，打造生态型区域中心奠定了基础。通过经济分析，项目内部收益率超过10%，项目具有财务可行性。

参考文献

［1］全国干部培训教材编审指导委员会．推进生态文明建设美丽中国［M］．北京：人民出版社，2019.

［2］尹稚，王晓东，郑筱津，等．中国城镇化与城乡发展建设的绿色化道路探究［M］．北京：清华大学出版社，2018.

［3］张宝刚，刘鸣．绿色建筑设计及运行关键技术［M］．北京：化学工业出版社，2018.

［4］龙惟定，白玮，范蕊，等．低碳城市的区域建筑能源规划［M］．北京：中国建筑工业出版社，2011.

［5］赵磊．论生态文明的技术形态［J］．齐鲁学刊，2019，272（5）：87－93.

［6］Little I，Mirrlees I．发展中国家工业项目分析手册，经济合作和发展组织（OECD），1968.

［7］沈景明，工业技术经济学［M］．北京：机械工业出版社，1984.

［8］建设项目经济评价方法编制组．建设项目经济评价方法与参数［M］．1 版．北京：计划出版社，1993.

［9］建设项目经济评价方法编制组．建设项目经济评价方法与参数［M］．3 版．北京：计划出版社，2006.

［10］刘雄飞．N 小区节能综合改造项目评价［D］．北京：北京化工大学，2016.

［11］申文金，贺战明．关于标准化支撑自然资源领域生态文明建设的思考［J］．当代经济，2019（9）：4－6.

［12］中华人民共和国住房和城乡建设部标准定额研究所．市政公用设施建设项目经济评价方法与参数［M］．北京：中国计划出版社，2009.

［13］《投资项目可行性研究指南》编写组．投资项目可行性研究指南［M］．北京：中国电力出版社，2002.

［14］李开孟，徐成彬．企业投资项目可行性研究与核准申请［M］．北京：冶金工业出版社，2007.

［15］吕海萌．高新技术风险投资项目的动态综合评估及实证研究［D］．杭州：浙江大学，2007.

［16］焦莹，戚安邦，李艳飞．政府投资工程代建制企业的项目全过程集成管理方法研究［C］．第十届中国科协年会，2008.

［17］陈竹杰．隆福国际住宅工程项目开发全过程管理研究［D］．北京：北京交通大学，2008.

［18］佘建明．项目决策分析与评价［M］．北京：中国计划出版社，2008.

[19] 张志强. 拟建项目综合评价指标体系及评价方法研究 [D]. 北京：北京工业大学，2009.
[20] 思俊. 项目评价与项目中评价 [J]. 工业工程与管理，1999 (3)：37 -40.
[21] 郭秀锐，毛显强，冉圣宏. 国内环境承载力研究进展 [J]. 中国人口资源与环境，2000 (3)：28 -30.
[22] Bohanec Marko, Rajkovic Vladislav. Knowledge - based portfolio analysis for project evaluation [J]. Information and Management, 1995 (28)：293 -302.
[23] 戚安邦. 项目论证与评估 [M]. 1 版. 北京：机械工业出版社，2004.
[24] 董玉梅. HR 教育园大型项目投资价值的评估与论证研究 [D]. 天津：南开大学，2011.
[25] 李健. 海岸带可持续发展理论及其评价研究 [D]. 大连：大连理工大学，2006.
[26] 彭本红. 基于复杂系统方法论的区域生态环境可持续发展研究 [D]. 南宁：广西大学，2004.
[27] 高吉喜. 可持续发展理论探索——生态承载力理论、方法与应用 [M]. 北京：中国环境科学出版社，2001.
[28] 张红. 国内外资源环境承载力研究述评 [J]. 理论学刊，2007 (10)：80 -83.
[29] 张妍，杨志峰，何孟常，等. 基于信息熵的城市生态系统演化分析 [J]. 环境科学学报，2005 (8)：1127 -1134.
[30] Erling S. Andersen. Evaluation of Chinese projects and comparison with Norwegian projects [J]. International Journal of Project Management, 2002, 20 (8) 601 -609.
[31] 张红. 国内外资源环境承载力研究述评 [J]. 理论学刊，2007 (10)：80 -83.
[32] 罗贞礼. 土地承载力研究的回顾与展望 [J]. 国土资源导报，2005 (2)：25 -27.
[33] 张建振，简海平. 对投资项目分析评价技术的认识 [J]. 财务分析，2009, 7 (14)：59 -60.
[34] 李玉萍. 投资项目评估与管理 [M]. 北京：中国农业科学技术出版社，2002.
[35] Kliem Ralph L, Ludin Irwin S, Kleim Ralph L. Reducing Project Risk [M]. Hong Kong: Science & Culture Publishing House Ltd. , 1997：157 -160.
[36] 张丽荣. 控规编制中的引导性指标深化研究 [D]. 济南：山东建筑大学，2011.
[37] 蔡伟庆. 城市建设工程项目管理 [M]. 上海：东华大学出版社，2003.
[38] 乌兰. 某市政项目价值（评估）研究 [D]. 上海：复旦大学，2006.
[39] Judy Wesalo Temel. The Fundamentals of Municipal Bonds [M]. Beijing: Modern Press, 2010.
[40] 范恒山. 资本运营 [M]. 3 版. 北京：中国财政经济出版社，2003.
[41] 邢智超. 京沪高铁项目估值研究 [D]. 北京：北京交通大学，2009.
[42] 周惠珍. 投资项目评估 [M]. 大连：东北财经大学出版社，1998.
[43] Jonathan F Bard, Ramaiya Balachandra, Pedro E Kaufmann. An interactive approach to R & D project selection and termination [J]. IEEE Transaction on Engineering Management, 1999,

35 (3)：139 - 146.

[44] 杨武，陆巧玲，周婷. 生态保护项目绩效评估的技术方法体系 [J]. 生态学报，2019，40 (5)：1 - 9.

[45] 尹晶晶. 城市生活垃圾分类视域下的生态文明建设研究 [J]. 发展研究，2019，18 (11)：18 - 22.

[46] 温宗国，曾维华，李会芳，等. 行业节能减排先进适用技术评价方法及应用 [M]. 北京：科学出版社，2018.